CUBA:
Conciencia y Revolución
(El proceso de una reflexión sobre el problema cubano)

COLECCIÓN CUBA Y SUS JUECES

EDICIONES UNIVERSAL. Miami, 1972.

Luis E. Aguilar León

CUBA:
Conciencia y Revolución
(El proceso de una reflexión sobre el problema cubano)

Ediciones Universal
P. O. Box 353 (Shenandoah Station)
Miami, Florida, 33145. U.S.A.

© Copyright, 1972,
by LUIS E. AGUILAR

LIBRARY OF CONGRESS CATALOG CARD NUMER 72 - 75977

Cubierta diseñada por CARLOS M. SANTOYO

Depósito legal: Z. 395 - 1972

Cometa, S. A. — Avda. de las Torres, 17 — Zaragoza — 1972

EN TORNO A LA REVOLUCIÓN Y AL PROCESO CUBANO

Toda revolución, desgarrón violento de una circunstancia histórica, implica un proceso tan dinámico y apasionante que, a su mero contacto, los juicios más serenos se cargan de emotividad y partidismo. El fenómeno cubano no ha sido una excepción a esa tendencia apasionada. Dentro y fuera de Cuba, casi desde sus inicios, la revolución cubana se convirtió en campo de batalla ideológico donde se han cruzado las más distorsionadas imágenes y los más torcidos argumentos. Cada cual, la izquierda radical o la derecha reaccionaria, comunistas "oficiales" y demócratas cristianos, ateos y católicos, liberales y conservadores, han tomado jirones del caso cubano para vestir sus propias posiciones, para reforzar sus particulares posturas. El resultado ha sido una melée interpretativa de crecientes dimensiones. La revolución cubana fue el resultado de la pobreza y del hambre que reinaba en Cuba o, por el contrario, la produjo el alto nivel económico de una economía semi-capitalista; la alentó la estupidez del Departamento de Estado de Washington, o la tenebrosa y omnipresente conjura del comunismo internacional. La revolución cubana la hizo el campesinado, o la clase media, o los latifundistas, o el propio imperialismo. Venció por la fuerza de las guerrillas en las montañas, o por el heroísmo de la "resistencia" en las ciudades, o por la inercia del régimen de Batista, porque se "disfrazó" de demócrata, o porque supo anunciarse radical y socializante desde el principio. La revolución cubana es una continuación del proceso histórico que se inició en Cuba en 1868, o es una interrupción trágica de tal proceso; es la vanguardia de la lucha anti-imperialista en el continente, o es una excepción que no tiene aplicación más allá de los límites geográficos de la isla. Quien quiera tomar posición, cualquiera que ésta sea, puede encontrar interpretaciones de la revolución cubana que le vienen a la medida.

Va siendo hora ya, sin embargo, culminada más de una década de gobierno revolucionario, que nos esforcemos por hacer una pausa reflexiva y nos sumemos a esos pocos que han tratado seriamente de estudiar todas las fases del proceso cubano para ajustar el juicio a la realidad y no a nuestras emociones. Creo sinceramente que uno de los deberes iniciales más importantes, y más desdeñados, de todo aquél que se acerque al caso cubano con más reflexión que apasionamiento, es el de leer lo que los propios cubanos escribían antes y durante el vértigo revolucionario, el tratar de pulsar cómo opinaban vastos sectores nacionales mientras en torno a ellos restallaban los acontecimientos. Tal tarea es esencial para afinar la perspectiva y situar gestos, programas y actitudes en un trasfondo histórico que los haga realmente inteligibles. Valga al caso una ilustrativa anécdota. En 1962, estando de profesor en la Universidad de Columbia (New York), me invitaron a hablar ante un grupo de estudiantes apasionadamente interesados en la cuestión cubana. Recuerdo que comencé citando un párrafo de un líder político cubano: "El gobierno se propone iniciar de inmediato una fase 'socialista', quebrar los latifundios y repartir las tierras a los campesinos...". Hice una pausa y les pregunté a quién atribuían tales revolucionarias palabras. Ignorantes de toda la historia de Cuba anterior a la revolución de 1959, acostumbrados a juzgar a Cuba sólo a través del presente, me respondieron a coro el nombre inevitable: Fidel Castro. Grande fue su pasmo cuando les aclaré que ese programa fue anunciado por Antonio Guiteras en noviembre de 1933, cuando era ministro del gobierno revolucionario de Grau San Martín. Acto seguido, tras haberles hecho vislumbrar lo vasto de su desconocimiento y lo esencial de conocer el pasado, empecé a dialogar con ellos sobre la historia de Cuba anterior a Fidel Castro.

Esta convicción de que un entendimiento del proceso cubano exige el estudio de todas sus fases, el examen de todos sus antecedentes y proyecciones, es la que me ha llevado a aceptar la sugerencia de mi buen amigo Juan Manuel Salvat y reunir en un volumen algunos de los trabajos que publiqué en Cuba y fuera de Cuba en el período de 1954 a 1969, y que, al expresar ciertos puntos de vista sobre el régimen de Batista, el gobierno revolucionario y el exilio cubano, integran el desarrollo de una misma reflexión sobre el proceso cubano.

No creo, ni pretendo, aportar algo decisivo o trascendente al estudio de una década tan grávida de significaciones, pero sí estimo que en algo contribuyo a que los interesados en el tema tengan un destello más, una comprobación asequible de cómo la cambiante circunstancia cubana se reflejó en la pupila de alguien que la miró desde adentro y trató de vislumbrarle el rumbo. Bien sé que los artículos periodísticos no suelen llevar más que una liviana carga de análisis, pero expresan, en cambio, algo irremplazable, conservan lo que los análisis posteriores no pueden tener: la frescura del impacto, la chispa momentánea que el choque de una realidad hizo brotar en un espectador. A fuer de sincero me atrevo a decir que los míos tienen un residuo más de valoración. Desde mi época de profesor en la Universidad de Oriente hasta hoy, nunca he sido escritor de ésos que Mañach calificó tan certera y melancólicamente como "esclavos de la letra efímera", es decir, aquéllos obligados a producir una cuota diaria o semanal de artículos. No, escribí lo que escribí, bueno o malo, cuando sentí que tenía algo que decir, cuando, como diría Ortega, cruzaba por mi horizonte intelectual un acontecimiento que me incitaba a dispararle un comentario. Me puedo haber equivocado muchas veces, acepto que mi postura frente al proceso cubano puede asentarse en erróneas interpretaciones, pero tales interpretaciones fueron siempre el resultado de una cierta meditación sobre los acontecimientos, la expresión honesta de lo que mi reflexión me indicaba. Aplaudí o critiqué lo que me parecía bueno o malo en Cuba, antes y durante el gobierno revolucionario. Y cuando salté al exilio aplaudí o critiqué lo que me pareció digno de elogio o de severidad en el exilio. Creo, por ejemplo, que el golpe militar del 10 de marzo de 1952 fue radical y esencialmente negativo para Cuba. Lo escribí allá, cuando todavía mandaba Batista, "el 10 de marzo trajo muchas cosas viejas que no son buenas, y algunas cosas nuevas que son muy malas", "el 10 de marzo trajo mucho de dolor, dolor hondo e inexpresable, como de patria rota e ilusión quebrada" (véase el artículo de *Carteles,* de 2 de marzo de 1958, pág. 00), y lo repetí en Miami, cuando me pareció que algunos sectores del exilio se nublaban de apasionamiento y perdían de vista los orígenes de nuestros males (véase el artículo "Fidel entró por la posta 4", marzo 1967, pág. 00).

Seguramente he errado mucho, pero también creo que alguna vez juzgué certeramente el acontecer nacional. En 1954, cuando casi todo el mundo andaba debatiendo la reestructuración política de Cuba, la vuelta a las elecciones y a la Constitución del 40, me pareció justo señalar apasionadamente en *Bohemia* (véase el artículo "La verdadera tragedia", página 00): "¡Cómo decir que aquí todo estará resuelto cuando volvamos al libre juego del voto y de la elección, si sufrimos el bochorno infinito de contar, según cálculo benevolente, con un treinta por ciento de analfabetos! ¡Cómo puede hablarse de nuestro problema político presente *y no gritar de angustia por el porvenir de nuestras instituciones democráticas, que dependerán en gran parte de esa masa nacional desprovista de toda preparación, ciega para toda iniciativa presente, embotada su capacidad selectiva, fácil presa del demagogo estridente o del marxista habilidoso, maestro en el arte de enconar agravios ajenos!* ¡Cómo no temblar por el futuro de la nación con una base social tan débil e insegura sobre la cual no se podrán asentar derechos que no se comprenden y libertades que se ignoran...!". Más tarde, cuando surgió la lucha en las montañas y la atmósfera se tensó de violencia, me desazonaba la desarticulación de las fuerzas que luchaban contra Batista, la entrega irreflexiva a la alternativa planteada con gallardía, pero con muy vagos programas, por la minoría alzada en la Sierra Maestra. No me arrepiento de mi llamada de entonces: "Lo esencial es luchar por evitar que esas condiciones se repitan, eliminar definitivamente del horizonte cubano las causas que hicieron posible la tragedia que ahora nos conmueve. *Porque de no hacerse así,* dentro de dos décadas estarán luchando y muriendo otros jóvenes frente a otros nombres y un régimen parecido... *Porque es muy doloroso que se haya derramado sangre en Cuba, pero lo trágico e imperdonable sería que se hubiera derramado en vano".* Eso lo escribí en 1958, en el mismo artículo en que mencionaba la urgente necesidad de galvanizar las fuerzas democráticas y nacionales para llevar a cabo un programa de adecentamiento radical e impedir *"que los luchadores de hoy se conviertan en los opresores del mañana"* (*Carteles,* 16 de marzo de 1958, pág. 00). Consigno de inmediato que no era yo el único que señalaba la existencia de graves males sociales y las dramáticas posibilidades que se nos abrían en el futuro, no, todo lo contrario, la mía era una de las tantas voces que se abrían en el vacío, pero me enorgullezco de haber pertenecido a una minoría que, frente a un desdén colectivo, diagnosticaba válidamente la presencia de tan radicales cuestiones nacionales.

Los artículos escritos durante los primeros dieciséis meses del gobierno revolucionario pudieran servir para comprender el proceso seguido, o sufrido, por miles de cubanos: del aplauso esperanzado a la crítica leal, y de ahí a la oposición abierta al progresivo endurecimiento del régimen revolucionario. Es un dato personal, y en cierta medida ilustrativo de una posición intelectual, el hecho de que en ninguno de los artículos escritos por mí en esa época aparezca el nombre de Fidel Castro. Tal parece como si desde los mismos albores hubiera prestado yo más atención y confiado más expresamente en la revolución como fenómeno nacional, que en la figura de su máximo líder, a quien algo conocía desde nuestros días escolares en el Colegio de Dolores de Santiago de Cuba.

Los hitos del camino que van del apoyo a la oposición, pueden seguirse por el tema de los artículos. El "Saludo a Santiago de Cuba", homenaje a la ciudad-trinchera de la revolución, es de enero de 1959. En marzo escribí "Riesgos y deberes de la revolución" y "La revolución, la economía y la contra-revolución", artículo en el cual apunta ya una preocupación por el uso indiscriminado del término "contrarevolucionario". No me alarmaba en tales momentos el necesario radicalismo de la revolución, me alarmaba el carácter tajante de sus oráculos, la cerrazón del gobierno a toda crítica o consejo, mientras emprendía la tremenda tarea de rasgar violentamente nuestra estructura económica. "La economía —pretendí recordar— es ciencia que no se mueve por emoción, sino por eficiencia. Si es traicionar a la revolución el no actuar por miedo a la reacción, también es comprometerla innecesariamente el conducirnos hacia un peligroso tropezón económico por el simple desenfado de no escuchar los datos contrarios que se ofrecen al análisis [1]" (véase "Proa a la tormenta", pág. 00). A fines de ese mismo mes escribí "El dilema", acaso el artículo más agónico de los que publiqué, donde definía, frente a la creciente opresión del ambiente, el deber esencial de todo escritor de erguir su juicio ante el apasionamiento circundante. En julio presté detenida atención a las Conclusiones del Pleno del Partido Comunista Cubano y a su certero análisis del "humanismo" revolucionario (véase "El comunismo y la revolución cubana" pág. 00)... En noviembre vino el momento decisivo, la línea invisible que separaba la declinante esperanza en una Cuba democráticamente revolucionaria, de la áspera realidad de un gobierno férreamente unipersonal. Tras la desaparición de Camilo Cienfuegos, y el mitin popular contra Hubert Matos, publiqué "Hora de pesadumbre". Dos días después, el Jacobino, desde *Revolución*, me disparaba los primeros insultos. Con mi angustia a cuestas había cruzado el Rubicón.

Lo que siguió no fue más que el continuar de una batalla, rubricada en mayo de 1960, cuando cayó el *Diario de la Marina*, con el artículo que más me llena de melancólica satisfacción, "La hora de la unanimidad", el último redoble publicado en Cuba por la muerte de la libertad de expresión, y el anuncio de la ya entonces completa cerrazón totalitaria. Al día siguiente de su publicación, también *Prensa Libre,* el periódico que lo recogió, desaparecía del ambiente cubano. Como recordatorio de aquel momento, reproduzco el artículo con la coletilla que le añadieron, pidiendo, para los que defendían lo que yo defendía, el exilio, la cárcel y el paredón.

En este volumen va incluido un trabajo mucho más extenso que los otros, y el cual requiere unas palabras aclaratorias. En 1955 empecé a recopilar datos y a investigar el aspecto de nuestra realidad nacional que, a mi juicio, revestía

---

[1] Años más tarde, los propios voceros revolucionarios reconocerían, con singular desenfado, los tremendos errores económicos de ese período «anárquico» de la revolución.

caracteres más negativos y peligrosos: el materialismo rampante del ambiente cubano, la corrosiva crítica de nuestros mejores valores. En 1957, con el título *Pasado y ambiente en el proceso cubano*, la Sociedad Cubana de Filosofía publicó la primera parte de tal trabajo, recogido, ahora, en este libro. Recuerdo con gratitud los comentarios animadores de Medardo Vitier, Jorge Mañach, José Antonio Portuando, Anita Arroyo y otras destacadas figuras de la cultura cubana. Todos me animaron a culminar la empresa. Pero en el propio prólogo de tal libro, había escrito yo: "las circunstancias actuales en Cuba más parecen inducir a la acción que a la meditación". De 1957 en adelante, el proceso cubano se hizo vertiginoso: cayó Batista y se irguió en el país una voluntad renovadora. Había mucho por planear y por hacer. Mientras mi amigo Juan Cros remodelaba el Museo Nacional, en el Instituto de Cultura, Cintio Vitier, José Lezama Lima, Vicentina Antuña, Mirta Aguirre, Roberto Fernández Retamar y otros muchos discutíamos planes brillantes para el futuro de la cultura nacional. Mi libro quedó trunco, muchos de aquellos planes también. Guardo, sin embargo, un grato recuerdo de aquellas discusiones y de aquel período en que todo parecía germinar, cuando era todavía posible discutir en Cuba desde las más diversas posturas políticas, sin que a nadie se le ocurriera recurrir al insulto o a la malévola acusación. Luego llegó la hora de la unanimidad y, para mí, la de marchar al exilio. A un exilio donde, como verá el lector, encontré y combatí mucho de las viejas tendencias que había criticado en Cuba.

Tras los primeros años de incertidumbre y busca de horizontes, asentado de nuevo como profesor en la Universidad de Georgetown, he retomado el hilo de aquella investigación que comencé en Cuba. En 1968 publiqué *El Marxismo en la América Latina* (Marxism in Latin America; New York, Alfred A. Knopf), y en 1972, *Cuba 1932, Prólogo a la Revolución* (Cuba 1933, Prologue to Revolution; Cornell University Press). Late en tales libros lo mismo que el lector ha de entrar en estos trabajos: una voluntad seria de entender la circunstancia cubana. No me ha librado ello de errores, pero sí de haber escrito jamás una palabra que no estuviera avalada por mi más leal buena fe.

Releyendo estos trabajos que ahora se publican, evocando las diversas y tensas circunstancias nacionales en las que se escribieron, tan difíciles de recrear o imaginar por los que ahora son "expertos" en el problema de Cuba, me atrevo a musitar, con un dejo de melancólico orgullo, la frase rubricadora del Don Luis de Zorrilla: lo que entoces escribí, mantenido está por mí.

Washington, abril, 1969

EL GOBIERNO DE BATISTA
1954 - 1958

1954

LA VERDADERA TRAGEDIA

En 1954 Fidel Castro estaba preso (pocos meses después sería amnistiado por el gobierno), Batista había convocado a elecciones «libres» y los grupos políticos cubanos debatían las mejores fórmulas para volver a la normalidad democrática interrumpida por el golpe militar de marzo de 1952.

> *Lo que necesita esta pobre sociedad nuestra, enferma de miedo, es una buena infusión de sinceridad que la tonifique.*
>
> ENRIQUE JOSÉ VARONA

Suele ocurrir que en medio de la turbulencia cotidiana en que viven sumidos, los hombres y los pueblos pierden la visión de sus verdaderos problemas. Fugaces quebrantos, menesteres momentáneos, atraen el escándalo y acaparan la atención como si fueran las únicas graves preocupaciones. En lo profundo, ocultos por el miedo colectivo, trabajando en la sombra y el silencio, los verdaderos trágicos problemas, las causas legítimas de inquietud y de alarma, siguen desarrollando su curso deletéreo y minando los más prometedores esfuerzos. Aquí y allá, de vez en cuando, alguna voz sincera y angustiada señala el verdadero peligro, apunta certeramente el origen de los males... pero, o se confunde su voz con la de todos, o el miedo y el interés se funden para aislarla y mantenerla como un clamor sin eco. Quien quiera constatar esta engañosa y aparente trivialidad, que se tome el trabajo de revisar la prensa de hace tres o cuatro décadas. Verá cuántas figuras sonoras y vacías ocupaban el primer plano, cuánta menuda dificultad lucía obstáculo insalvable, cuánto mísero conflicto se hinchaba como tormenta pavorosa que nunca llegó a estallar. Si paralelamente consultamos los libros representativos de la época, podremos pulsar la verdadera angustia del momento. La diferencia entre el clamor de superficie y la preocupación formal se hace honda y azorante. La mide el espacio que hay entre la espuma de los acontecimientos y la corriente profunda que los determina.

Tal empañamiento de la visión colectiva se densifica más aún cuando, efectivamente, los problemas exteriores se hacen hondos y graves. Entonces, todas las pasiones se enconan en torno suyo y la pupila nacional se agudiza hasta no ver más allá de esa crisis inmediata. Desaparece toda inquietud por problemas de otra índole y una sola cuestión se erige en tema candente y objetivo de todos los esfuerzos. Es en esos tiempos de tensión cuando se hace indispensable señalar la existencia de otras graves cuestiones, generadoras acaso de la crisis visible, para evitar que cualquier tesis solucionadora las olvide y plantee mal los términos del problema.

Cualquiera que hoy en Cuba repase un periódico, sintonice una emisora o discurra por las calles, recibirá la impresión de que toda la tragedia de Cuba se circunscribe al terreno político y se remediará con una vuelta a la legitimidad, con un retorno al juego parlamentario, al mecanismo de los partidos y a la democracia de más o menos apariencia. Y, sin embargo, quien así juzgue se habrá quedado en la superficie visible de nuestra tribulación. Porque la situación política de Cuba es problemática, pero no es todo el problema; porque la realidad actual es triste, pero no es la verdadera tragedia; porque lo que se nos presenta son las consecuencias temporales, y lo que nos interesa en mayor medida son las causas permanentes.

Se trata, en suma, de ir más allá del conflicto exterior, por sombrío que aparezca, para evitar la solución superficial y momentánea. Mientras no encontremos el núcleo originario de nuestros males, en tanto no hallemos las raíces nutricias, estaremos condenados a la fórmula trivial y a la solución pasajera. ¿El único problema de Cuba es la vuelta a la Constitución? ¿Todo se arreglará cuando tengamos un presidente elegido por el voto popular emitido libremente?... Desde luego que no. Para salir con buen paso de este dramático interregno de ilegitimidad y para evitar su repetición es preciso analizar en profundidad el proceso y las causas que a él nos llevaron. Si las dejamos actuando, la nueva caída será cuestión de tiempo. Porque las revoluciones o las dictaduras que padecen los pueblos no son causas, sino consecuencias, responden a determinados estímulos y se desarrollan en determinados ambientes; para evitarlas no basta variar superficialmente el tinglado político, sino que es preciso suprimir el germen y disipar el ambiente propicio; de lo contrario, el tinglado durará poco y la crisis se presentará de nuevo... ¿Y dónde están las raíces del mal? ¿Por qué está en crisis nuestra democracia?... Para responder a tales preguntas, impónese el indagar por los factores que hacen posible la estabilidad de una democracia y la mantienen sana y vigorosa... Hay muchos, pero dos son básicos, elementales, indispensables: bienestar económico y educación popular. ¡Sobre todo, educación! *¡Y cómo decir que aquí todo estará resuelto en cuanto volvamos al formato democrático, al libre juego del voto y de la elección, si sufrimos el bochorno infinito de contar, según cálculo benevolente, con un treinta por ciento de analfabetos! ¡Cómo puede hablarse de nuestro problema político presente y no gritar de angustia por el porvenir de nuestras instituciones democráticas, que dependerán en gran parte de esa masa nacional desprovista de toda preparación, ciega para toda iniciativa fecunda, embotada su capacidad selectiva, fácil presa del demagogo estridente o del marxista habilidoso, maestro en el arte de enconar agravios ajenos! ¡Cómo no temblar por el futuro de la nación con una base social tan débil e insegura, sobre la cual no se podrán asentar derechos que no se comprenden y libertades que se ignoran!*

Mientras exista esa mancha colectiva, mientras el campesinado y una gran parte del pueblo permanezca sumido en la más absoluta ignorancia, toda fórmula política, todo esfuerzo redentor será solución de minorías y expediente transitorio. La inercia de esa masa detendrá inexorablemente cualquier impulso de renovación.

Pero si el analfabetismo es un problema, un real y trágico problema, que bastaría para llenarnos de sonrojo y movilizarnos a la lucha por superarlo, en la seguridad de que estaremos eliminando de nuestro horizonte la repetición de los quebrantos políticos actuales, si el analfabetismo es trágico, no es con todo más que la mitad de la tragedia. Que educar no es enseñar a leer y a escribir, lo sabe hasta el último de los escolares. ¡Cómo no señalar entonces la otra mitad de nuestro problema educacional, que redondea y completa la tragedia! ¡Cómo no hablar del abandono y olvido de nuestra educación primaria, de la poca seriedad y profundidad de los estudios del bachillerato, del desconcierto y desfallecimiento de nuestra vida universitaria! ¡Y, por Dios, que no salten los casos particulares ni los orgullos patrioteros, exaltados y falsos! El caso particular y el orgullo desvirtúan el problema, no lo solucionan. La tónica general es peyorativa. Las reservas del futuro, los materiales humanos con los cuales contamos para reparar los males presentes y construir sólidamente el porvenir, nuestra juventud estudiantil, aprende en las aulas la mediocridad de una enseñanza desorientada, los mil recursos para obtener las notas eludiendo el estudio, la utilidad del escándalo y la huelga, la imposición al profesor que toma su cátedra como medio para recibir y no para dar o que, sabiéndose incapaz, se pliega al cómodo desorden. Así entran en la vida nacional esas hornadas de jóvenes carentes de disciplina interior, horros de verdadera cultura, preparados para la turbiedad de la vida política por el debate estudiantil, con la conciencia de que es más útil como vehículo de triunfo la palabra fácil engañosa que el esfuerzo tenaz y silencioso del verdadero luchador.

¿Cómo vamos, pues, a superar nuestra crisis si abandonamos a nuestro pueblo en las oscuras regiones de la ignorancia, si descuidamos la preparación de nuestra juventud y la alentamos hacia la indisciplina y el desorden, si agotamos su magnífica vitalidad en la querella menuda y en el constante trajín político? Pero, ¿de quién es la culpa? ¿Quiénes son los responsables de este analfabetismo pavoroso, de esa anarquía intelectual? Aquí topamos con una cómoda y cobarde traslación de culpas. La respuesta es unánime: los políticos son los culpables, los responsables, los envilecidos que todo lo destruyen y nada construyen; el resto del cuerpo social está sano y limpio de responsabilidades... Verdad a medias. Los políticos tienen culpa, pero no son los únicos culpables. Por de pronto, ¿quién elige a los políticos? Sería útil y fecunda la vieja lección de Ortega y Gasset cuando, constatando una parecida unanimidad en España, preguntaba con sorna: "¿Cómo se explica que España, pueblo de tan perfectos electores, se obstine en no sustituir a esos perversos elegidos?"

Frente al estudiante que utiliza el fraude para aprobar o se erige en líder como medio de proyectarse hacia la vida política futura, frente a las clases económicas que burlan el fisco y no dan aliento a ninguna empresa nacional, frente a los profesores que no enseñan, frente a los dirigentes obreros enriquecidos y poderosos, frente al cubano común que en el hogar y fuera de él siembra el desprecio y el sarcasmo para todo lo cubano, queda el político venal manchado y repudiable. Pero, superando el desprecio, se hace preciso murmurar: "El que esté libre de pecado, que le tire la primera piedra".

Además, no es cierto que el mal sea culpa de este o aquel gobierno. El mal es viejo y viene creciendo y arrastrándose a lo largo de nuestra vida republicana, encubierto por palabras sonoras y fórmulas pomposas. Aquí podemos inclinarnos sobre la corriente profunda de nuestra intelectualidad y escuchar, en el silencio de las bibliotecas, las voces sinceras de los que han aplicado su amor y su estudio a escudriñar el problema de Cuba.

No vamos a mencionar públicamente la prédica incesante de los roturadores de nuestra conciencia nacional en pro de la educación popular y de la verdadera cultura. Dejemos oír algunas voces... En Martí, el problema era llaga viva y trágica preocupación. En todas sus obras su estilo se encrespa en la exhortación ferviente y el consejo apasionado. Fue él el que escribió, entre miles, estas poderosas y vigentes palabras: "A un pueblo ignorante puede engañársele con la superstición y hacérsele servil. Un pueblo instruido será siempre fuerte y libre... El mejor modo de defender nuestros derechos es conocerlos bien; así se tiene fe y fuerza; toda nación será infeliz en tanto que no eduque a todos sus hijos. Un pueblo de hombres educados será siempre un pueblo de hombres libres"... Por eso soñaba Martí con una república de base sólida, de ciudadanos instruidos y preocupados por la instrucción, es decir, una república de ciudadanos preparados para disfrutar prolongadamente de la libertad.

Pero ya en los albores republicanos, iniciados los primeros pasos de nuestra vida independiente, Varona fruncía el ceño ante las desviaciones de nuestra vida pública: "No menos necesario —escribe en 1906— resultaba mejorar las condiciones de vida del pueblo, sumido en la pobreza casi absoluta y en la ignorancia completa, para convertirlo cada vez más en el principal instrumento de nuestra regeneración. Pero en vez de abaratarle la subsistencia, se la han encarecido; y en vez de hacer de él, por medio de la cultura y el bienestar, el sostén del orden y de las instituciones, se le ha utilizado para su propia desmoralización"... Era Varona un hombre egregio que tenía la pupila certera, acaso demasiado certera, para la realidad de las cosas.

Una generación más tarde, Jorge Mañach sube a la tribuna de la Sociedad Económica de Amigos del País. Trae la legítima arrogancia de la juventud estudiosa. El tema: "La crisis de la alta cultura en Cuba". Lo de "alta" era, desde luego, un eufemismo; abajo latían, y él mismo lo señala, las furnias abisales, "el analfabetismo y la insuficiencia de la educación nacional"... Fue una brillante exposición de amargas verdades esa conferencia. Pero lo más amargo es que todavía son verdades. Ahí está su cuadro vigente del "intelectual" de superficie: "La simulación es en pocos casos consciente, y la hallamos en el intelectual improvisado que escribe, enseña o diserta sin más preparación que unas aulas precarias y la de unas lecturas somerísimas; pero armado, en cambio, de una fatuidad y de una osadía inexpugnables".

En 1948, un profesor del Instituto de Santiago de Cuba, aprovechando la cuota de soledad que otorga la provincia, escribió un profundo ensayo sobre nuestra realidad nacional y política. Era un estudio que merecía una mayor difusión y lectura de la que alcanzó (¿pero cuántos leen en Cuba?). En el prólogo de "Revolución y seudo-revolución en Cuba", escribía González Palacios: "No soy un revolucionario arrepentido, soy un revolucionario abochornado", y más tarde: "Todos estamos convencidos de que nuestro vivir colectivo, a los cuarenta y tantos años de la inauguración formal de la república, no ha alcanzado el nivel y estilo que teníamos derecho a esperar... Corre el oro de las zafras; trafica entusiasmado el mercachifle y eleva desaforado precios y ganancias; se multiplican las escuelas, los hospitales, los cuarteles, los profesores, los estudiantes, los soldados..., pero el oro no nutre la empresa de aliento industrial, ni el ciudadano corriente asegura un alza firme en su condición de vida, ni la escuela oficial mejora su calidad, ni la creciente población escolar afina su cultura, ni los maestros sirven para ejemplo. Todo va sin plan, sin metas altas, sin gloria".

Como se ve, las voces varían, pero es idéntica la angustia. Lo que era sueño en Martí, preocupación en Varona, se hace crisis en Mañach y bochorno en González Palacios. En medio siglo de historia, con quebrantos económicos y derroches de riquezas, ha aumentado el promedio de analfabetos, ha disminuido ostensiblemente nuestra vitalidad cultural, se ha corrompido y envilecido la profesión del maestro, sometido a perpetua zozobra, relajado su esfuerzo por la lluvia de nombramientos políticos para incapaces, llevado a la máxima descalificación de ver las tareas escolares reguladas por decreto; se ha perdido la seriedad y la disciplina en los estudios superiores, sacrificados a las vicisitudes políticas nacionales que permiten un fácil primer plano; ha mermado de modo alarmante el número de lectores en toda la República, mientras aumenta pavorosamente la masa de parlanchines y demagogos... "Todo va sin plan, sin metas altas, sin gloria."

Hoy que se ha cerrado el horizonte político nos debatimos a tientas ensayando caminos, pero lo lamentable es que buscamos tan sólo la solución política y dejamos abiertas las fisuras del suelo nacional que hacen posible la expansión de las sombras.

Y, ¿cuál es la solución?... En realidad, nadie quiere mirar de frente este cuadro sombrío, a las primeras paletadas reina el desasosiego y se clama por soluciones rápidas, drásticas, urgentes, revolucionarias... ¡Solución!... Ya es de por sí grave y riesgoso el que creamos poder solucionar rápidamente cualquier problema; que vivamos convencidos de que todo se arregla con una revolución, con un cambio de gobierno o con un nuevo decreto. De todo hemos tenido y nada se ha solucionado. Es preciso clavarnos en la conciencia la idea de que hay problemas que no se pueden zanjar a toda prisa, violentamente, con uno o dos empujones. La solución así lograda suele ser, cuando menos, impremeditada, parcial e ineficaz

Nuestro problema es grave, trágico, pero puede y debe ser solucionado con conciencia, con devoción y con método. Necesitamos esfuerzo de todos, sacrificio cotidiano, voluntad y paciencia... ¡Solución!... Me atrevería a aconsejar que el primer paso tenga carácter unamunesco. Gritemos todos bien alto nuestra angustia, señalemos a voz en cuello nuestra verdadera tragedia, escandalicemos en torno a ella oportuna e inoportunamente, hasta que disipemos las sombras que la rodean, hasta que no haya un cubano que ignore la gravedad del mal, hasta que forcemos a todos los ojos a posarse en nuestras llagas. Y cuando surja un bochorno y un sonrojo nacional, cuando se haga un fecundo y prometedor silencio en torno a nuestro grito, entonces callémonos todos y con la cabeza baja empecemos la obra de la reconstrucción.

(Artículo publicado en la revista "Bohemia", el 3 de octubre de 1954)

PASADO Y AMBIENTE EN EL PROCESO CUBANO

> *Para esto nos sirve la Historia: para libertarnos de lo que fue, porque el pasado es un* revenant, *y si no se le domina con la memoria, refrescándole, él vuelve siempre contra nosotros y acaba por estrangularnos.*
> JOSÉ ORTEGA Y GASSET [1]

> *¿Nuestra vida política ha sido un progreso? Sí, un encharcamiento progresivo.*
> ENRIQUE JOSÉ VARONA [2]

> *Por mi parte, no veo motivos más que para una firme esperanza. Lo diré con palabras consoladoras para usted. Yo creo en Cuba... ¡Creo en Cuba! ¡Pues no ha dicho usted nada! A eso se reduce el estado de espíritu que yo quisiera ver, sentir en los cubanos. Creer en sí mismos como partes de un todo...*
> GUSTAVO PITTALUGA [3]

NOTA PRELIMINAR

Luis Aguilar León es un joven talento investigador a quien se deben las páginas del presente ensayo. Por su edad —creo que anda por los treinta y dos años— es posible situarlo relativamente en la tercera generación intelectual republicana, que para mi criterio se inicia alrededor de 1940. Una vez concluidos sus estudios de abogado en la Universidad de La Habana, viajó a Europa y en Madrid anduvo algún tiempo afanosamente dedicado al pensamiento vivo de hombres de tan fina estirpe como don José Ortega y Gasset, Zubiri y otros. A su regreso se estableció en su ciudad natal —Santiago de Cuba—, en cuya Universidad ingresó como profesor tras brillantes oposiciones; y sólo desde muy reciente fecha es que se ha radicado definitivamente en la capital, donde consagra todas las horas que las exigencias de su profesión le dejan libres al grato menester de la meditación sobre

---
[1] *Obras completas*; tomo IV, pág. 368.
[2] *Con el eslabón*; Manzanillo, 1927, pág. 11.
[3] *Diálogos sobre el destino*; Habana, 1954, pág. 413.

cuestiones de tanto alcance y consecuencias para nuestra vida nacional como las que constituyen el primer capítulo de ese prometedor libro que será en un futuro no muy distante este *Pasado y ambiente en el proceso cubano*.

La indiscutible vocación filosófica de Aguilar León le guía con firme certidumbre por donde es preciso que transite todo aquél que enfoca la realidad de su tiempo sin el riesgo de perderse en lamentables desaciertos. Y ese camino seguro y por lo mismo acertado sólo puede ser el del *historicismo*, que si para algunos despistados es sinónimo de repudiable relativismo, para otros representa algo así como un «tradicionalismo» entendido del peor modo. Pero sólo el incapaz de penetrar con toda la eficacia del caso en las exigencias de la investigación cultural de nuestros días puede suscribir una u otra de tales consideraciones respecto del historicismo. Por eso acierta Aguilar León al arrancar con firme gesto y decidida convicción de eso que consiste, pura y simplemente —al modo del huevo de Colón— en *contar con el pasado*, porque no depende de nuestra graciosa voluntad tenerlo o no presente al hacer la historia, sino que él se encarga de que no le dejemos fuera... simplemente porque nosotros somos ya ese *pasado* sin el cual no podemos ser ni presente ni tampoco futuro. Y está en lo cierto al aseverar que ni el individuo ni la colectividad pueden constituirse efectiva y definitivamente en lo que llegan a ser a menos que logren absorber íntegramente su cuota de pretérito. Es esto lo que en forma un tanto enigmática pero a la vez dotada de reveladora claridad quiere dar a entender Hegel con su tan llevada y traída *Aufhebung*, esa parcial cancelación superadora de estados previos, según he gustado definirla en un ensayo mío hace ya algunos años. De aquí que constituya un indiscutible acierto de Aguilar León ése de haber comenzado su penetrante estudio por la profunda e inesquivable consideración de lo histórico como el caldo de fermento de toda posible cultura y, en consecuencia, de toda expresión de lo humano en cada una de sus dimensiones.

Se pregunta el joven pensador si acaso el mal nuestro no se deba a la desvinculación con el pasado. Pues bien, yo me atrevería a responderle que si la negativa hegeliana a conceder un lugar al sol en la historia de Occidente al continente americano se funda en la ostensible desvinculación con el pasado, entonces hay que acordarle cierta razón al filósofo germano, porque, en efecto, tal vez nuestra falta de conciencia de un pasado que debiéramos asimilar para salvaguardarnos de los riesgos de un presente aluvial, es la causa mayor de la deprimente situación que parece endémica y por la cual los americanos incurrimos —con las diferencias del caso, según el lugar de que se trate— en esa «letalidad» de que habla Aguilar León y que consiste sobre todo en la falta de fe en nosotros mismos. En cuanto al *retroceso* en la estimativa cultural del presente, prefiero reservarme el comentario, pues éste requiere dilatado espacio. Se trata de un fenómeno que engloba a todo el Occidente y que se manifiesta como el achabacanamiento de la cultura por consecuencia de una técnica asentada en la masificación del hombre.

Digamos, para terminar, que este primer capítulo de un libro que el autor hará sin duda llevar a feliz término permite desde ahora apreciar las excepcionales condiciones investigadoras y críticas de su autor. *La Sociedad Cubana de Filosofía*, a la que pertenece el Dr. Aguilar León, se complace en incorporar a su colección filosófica este brillante aporte al esclarecimiento de la problemática cubana, y estamos seguros de que la finalidad que se ha propuesto alcanzar el autor encontrará cumplida realización en la estimativa de todos cuantos acogen con indeclinable simpatía los esfuerzos rigurosos de quienes dedican el tiempo de holgar a la faena de pensar en Cuba.

Humberto Piñera Llera

UNA EXPLICACIÓN

Estas páginas, dedicadas a esos "mínimos universos" habitados por la gente que lee, forman parte integral de un estudio de mayor extensión sobre el tema más sugerente que, a mi juicio, ofrece la problemática nacional: el ambiente cubano, la atmósfera espiritual depreciadora de todo lo nuestro que desde hace años se cierne sobre la isla, socavando todo empeño alzado, burlándose del ideal incipiente, desahuciando de antemano todo gesto o propósito de superación. Tierra feraz por excelencia, ajena a los graves conflictos internacionales, con una potencialidad económica envidiable, puede decirse de Cuba, como del célebre ministro francés, que tiene todas las virtudes, menos la virtud de saber utilizarlas... Y el mal está en nosotros mismos, en la flojedad de nuestras convicciones nacionales, en la perpetua autodenigración de nuestros mejores valores, en el complejo de creencias peyorativas sobre nuestro carácter que saturan el ambiente criollo y nos desmandan el cinismo y la irresponsabilidad, máximos sostenedores y usufructuarios de tales opiniones. Indagar cómo y por qué, frente a innegables realizaciones y a estimables progresos, sigue inválida y trabada la fe en nosotros mismos, es ya tarea urgente para la reflexión escrutadora, que conlleva e implica una serena inmersión en el proceso histórico cubano en busca de las fisuras de donde emanan tales negativos efluvios. Se ayuda a disipar la niebla cuando se da con las causas que la originan.

Desde luego (y henos aquí inopinadamente dentro del tema y su influencia) que el ambiente en Cuba no está propicio a la meditación. La cadena de violencias disparada sobre el ámbito nacional por la subversión de marzo de 1952 ha provocado, como natural consecuencia, un encogimiento de la reflexión, una inhibición frente a la apretada circunstancia política cuyos vientos de borrasca inclinan más a la acción que al ensimismamiento. Sin embargo, el encogimiento y la inhibición de lsa mejores fuerzas nacionales es el gran pecado colectivo que ha permitido la instauración de trágicas alternativas y el planteamiento de fórmulas extremas que orlan sombríamente el porvenir; la pasividad ante las graves cuestiones nacionales sigue siendo la tónica y postura de la mayoría. Y también la reflexión tiene su parte de responsabilidad y su deber en el proceso. Porque para enderezar la trayectoria de una nación no siempre bastan la voluntad heroica o el espíritu de sacrificio, impónese también el pleno conocimiento de la situación, la reflexión preliminar que hienda las meras apariencias y encauce y planifique la acción rectificadora para que no se desborde ineficaz contra falsos objetivos. Es imperativo decir todo lo que contribuya a desnudarnos verdades, a esclarecernos el origen de la situación actual, a indicarnos la existencia de males profundos que trabajan en silencio y configuran futuras caídas, a ofrecer datos esenciales para el correcto planteamiento del problema patrio. También en este sentido, según la vieja y fecunda fórmula aristotélica, meditar es progresar hacia nosotros mismos.

Con este modesto sentido de responsabilidad y anhelo de contribución se está realizando el estudio del cual forman parte, como capítulo preliminar, las páginas que ahora se publican. Y como van así desgajadas, cual mero despliegue y emplazamiento frente a la cuestión, interesa en mucho al autor conocer cualquier opinión, crítica o sugerencia que este primer contacto con el tema provoque en el lector y que, seguramente, ha de contribuir a despejarle la mirada. Acaso así, ayudándonos todos, logremos dibujar pulcramente las facciones de un añejo y radical enemigo de nuestra superación como pueblo.

Radiocentro 815. Vedado, Habana, 1957.

SIGNIFICACIÓN DEL PASADO

Hace ya algún tiempo que el meditar de los hombres ha desnudado una de las cualidades más significativas de la vida humana: su constante trasmutación en pasado. Vivir significa estar obligado a elegir entre mil posibilidades, una que automáticamente se inmoviliza y fija convirtiéndose en algo que ya fue. Avanzamos de cara al porvenir, bebiéndonos el tiempo, seleccionando uno de los mil caminos que se abren hacia el horizonte y dejando a nuestras espaldas un cúmulo de actitudes, pensamientos y acciones que, ya fosilizadas, "objetivadas" al decir de Recasen Siches, forman esa inmutable masa de experiencia que es nuestro pasado. De este modo, el presente viene a ser algo así como un anillo que va trenzando en un solo y definitivo cordel los múltiples hilos que le ofrece el futuro. Ahora bien, como la etapa vivida va quedando detrás de nosotros y nuestras facultades se orientan ambiciosas hacia el porvenir remoto o próximo, damos en creer que el pasado no tiene validez ni vigencia, que es algo yerto y rígido por donde, de vez en cuanto, se pasea nuestra melancolía evocadora.

Y, sin embargo, esa concepción superficial que ve en el pasado sólo "un tiempo mejor", atrapa únicamente lo que éste tiene de realidad intrascendente y deja escapar lo vivo y valedero del pretérito. Empezamos a advertir la trágica importancia de lo que ya fuimos o hicimos cuando caemos en la cuenta de que nuestras posibilidades presentes y futuras están condicionadas por nuestra actuación pasada. Que el haber sido tal o cual cosa es lo que más nos obliga a ser lo que somos y lo que más nos permite configurar nuestro futuro. De ahí lo profundo del viejo y karmático pensamiento budista: "Todo lo que somos es el resultado de lo que hemos pensado"; más cierto aún si tomamos el pensamiento como perenne avanzada de la acción.

Y es que desde que la voluntad del niño empieza a emerger de sí mismo para escoger las vías de acción que la vida le va ofreciendo en cada etapa, estas selecciones van integrando su personalidad y formando el basamento de sus posibilidades futuras. Toda elección implica una renuncia a otras posibilidades (de ahí el residuo de melancolía que deja en el fondo del alma aun la más acertada de las elecciones) y conduce, de inmediato, a nuevos planteamientos, posibles tan sólo en virtud de la decisión anterior. Por eso lo que un hombre va eligiendo hacer y renunciando a ser es lo que más nos permite barruntar la parcela de futuro a donde se dirige su vida. En las primeras jornadas, recién estrenado el vivir, los años y aun los meses vienen grávidos y plenos de posibilidades, es la época en que se pueden tomar las más variadas y radicales decisiones: estudiar, trabajar o dedicarse al ocio; adaptarse o rebelarse frente a las normas familiares; ser o no ser abogado, o médico, o aviador; distinguirse o divertirse. Y como apenas existe pasado o experiencia que guíe o refrene, todas las decisiones adquieren dramática importancia y las emociones penetran en el alma con estremecimientos virginales. Luego, a medida que sube el nivel del pasado y el mero llover del tiempo nos va empapando de madurez, desaparecen los extremismos y nos dedicamos a desarrollar las posibilidades que nuestro hacer de jóvenes nos ha proporcionado. El repertorio de cosas a realizar que tiene frente a sí un hombre de cuarenta está constituido casi en su totalidad por lo que ese hombre haya hecho en las etapas vitales anteriores. Puede, desde luego, en cualquier momento, utilizando la tremenda facultad de elegir libremente que es su gloria y su tragedia, rectificar o variar radicalmente su conducta, pero tanto la continuidad como la variación tendrá que partir, implacablemente, del sustentáculo que le brinda lo que hasta ese momento haya hecho.

Algo de esta inflexible constitución de la vida ha vislumbrado la intuición popular, al enunciar el dicho "Quien pierde la mañana, pierde la tarde; quien pierde la juventud, pierde la vida". Y es que, efectivamente, quien deja pasar intactas las horas rezumantes de posibilidades de la juventud y vaga por el tiempo sin exprimirle su sentido, a la hora de la madurez y la recapitulación tendrá ante sí tan magras posibilidades de hacer algo fecundo que bien puede dar su vida por perdida, aunque el ciclo biológico se le desarrolle aún en amplias curvas. A la luz del recuerdo, las antaño hinchadas posibilidades cuelgan ahora flácidas e inútiles como lamentables despojos de lo que pudo haber sido y no fue; y es entonces que el pasado, vacío y desperdiciado, tórnase pesado y dificulta el ascenso. Pero lo verdaderamente trascendental y significativo de todo esto, lo que pone la cuestión sobre ascuas metafísicas, es que lo poco que ese hombre hizo y lo mucho que dejó de hacer no es estricta y únicamente pasado, no es un inane recuerdo sepultable a voluntad, sino que, por el contrario, ambos factores, el activo y el pasivo de su vida pretérita, integran su realidad presente, le configuran su ser de hoy, forman la única base de que dispone para remontarse al futuro. De ahí su enorme, su trágica importancia. Con prosa sustanciosa y pausada ha escrito Zubiri: "El hombre no sólo ha tenido y está teniendo historia: el hombre es, en parte, su propia historia. Esto justifica la ocupación con el pasado; ocuparse del pasado es, en tal caso, ocuparse del presente. El pasado no sobrevive en el presente bajo forma de recuerdo, sino bajo forma de realidad"[1].

Esta supervivencia del pasado, que tanto nos determina y afecta en sentido individual, se manifiesta tanto o más poderosamente aún en la entidad colectiva en la que esta-

---

[1] Xavier Zubiri, *Naturaleza, Historia y Dios*, Madrid, 1951, pág. 303.

mos embarcados y dentro de la cual navegamos hacia el futuro. Porque resulta que también el cuerpo social al que pertenecemos tiene una trayectoria peculiar y característica, y se mueve a través del tiempo dejando detrás una estela de eventos y sucesos que forman su historia y que también, en cierta medida, le señalan el rumbo. La historia de una nación no pasa de ser el registro de las reacciones con que la colectividad que la forma se ha ido enfrentando a los sucesivos problemas que le dibuja la época. Cada una de estas reacciones colectivas, al tiempo que despeja un nuevo horizonte de problemas, moviliza determinadas fuerzas, graba ciertos rasgos en el perfil nacional y delinea un poco más eso que se llama el carácter de un pueblo. La persistencia de esos impulsos, su rastro en la memoria social, va formando una especie de inclinación tradicional, una diátesis colectiva, que permite esbozar a grandes rasgos la estructura espiritual de las naciones y llega a pesar apreciablemente en sus posteriores decisiones. Tal la gravitación hacia la rigidez estatal de los alemanes o la tendencia liberal de los ingleses, la vocación revolucionaria de Hispanoamérica o la devoción democrática de los Estados Unidos, expedientes y reacciones de éxito en el pasado de esos pueblos y que ellos propenden a repetir y alentar en cualquier circunstancia. De ahí que a veces las naciones luzcan un poco sujetas a fórmulas de un pretérito que les es grato mantener, o se inclinen irreflexivamente, con emociones primarias, hacia cualquier fenómeno extranjero que les parezca reproducción del propio proceso. Inglaterra, después de la última guerra, con su ciego aferramiento a la añeja política del *Balance of Power* en una época en que las dimensiones colosales de los estados dominadores habían roto totalmente la métrica del siglo XIX, y los Estados Unidos con su ingenua simpatía por todo movimiento que vocee democracia, aunque no cuaje ni encaje en el país donde se produce, son muestras bien patentes de cómo los acontecimientos del pasado, del propio y entrañable pasado, condicionan la pupila y la valoración de los pueblos [1]. De donde se infiere que todo intento de comprender la actitud actual de un país, de

---

[1] Un claro y patético ejemplo de cómo una tradición histórica puede empañar la visión de unos políticos, se encuentra en la carta dirigida por el embajador británico, Sir. Samuel Hoare, al gobierno español, en 1943, con motivo de la advertencia de este último sobre la peligrosidad de la ofensiva rusa y la carencia de fuerzas en el centro de Europa para oponerse a una infiltración soviética. Asentado en la estimativa británica de la época de Metternich, contemplando una Europa del siglo pasado, los conceptos de Sir Hoare (aprobados por su gobierno) lucen lamentablemente retrasados y fallan increíblemente en la apreciación de la nueva situación planteada por el poderío ruso: «No puedo aceptar la

entender el porqué de sus reacciones y su sensibilidad, tiene que partir de un recuento de sus antecedentes, de un previo conocimiento de los estímulos históricos que están actuando sobre su presente, o lo que es lo mismo, de una amplia revisión de su pasado. Y conste que este desentrañamiento de la situación histórica en que se encuentra el pueblo donde nos ha tocado vivir, es tarea de soberana importancia para cada uno de nosotros, porque evidentemente nuestra existencia está inserta en la colectividad nacional y sus posibilidades de un pleno desarrollo están condicionadas por las posibilidades que le ofrezca el medio social circundante. A todos nos interesa, por tanto, tener alguna idea sobre el origen de los problemas con que nos embate el presente y del rumbo que es preciso mantener a toda costa. Tanto más seguramente afrontará la colectividad el riesgoso horizonte cuanto mejor sepamos todos la ruta que ya hemos vencido y el germen de los huracanes que se despliegan al frente.

A todo esto hay que añadirle, finalmente, como coronación y apuntalamiento, otro dato puesto en claro por la filosofía contemporánea y que, al tiempo que influye de modo radical en lo anteriormente expuesto, sirve para destacar más vivamente aún la importancia del pasado en la vida de los hombres y los pueblos. Esto es, que cada generación, cada individuo que arriba al escenario histórico va a manipular un determinado número de instrumentos e ideas que les son entregados hechos ya por la comunidad en que viven. Este mundo de conceptos y valores, de técnica y espíritu, en el que se adentran paulatinamente en una asimilación inconsciente, ha sido estructurado progresivamente por las generaciones anteriores que los han precedido en el sendero de la historia, forma el repertorio de posibilidades que le ofrecen como don gratuito, pero también como inevitable limitación, la múltiple actividad de los que ya pasaron. Ese círculo en que nacemos encerrados, ese ámbito cultural que nos sustenta y conforma desde que empezamos a vivir más allá de los instintos, es la "circunstancia" de que con tanta frui-

---

teoría de que Rusia, después de la guerra, constituirá una amenaza para Europa. Hago referencia al pensamiento de que Rusia, después de terminada la lucha, pudiera lanzarse a una campaña contra el Occidente europeo. Usted establece firmemente que el comunismo constituye el mayor peligro para nuestro continente y una victoria rusa ayudaría al triunfo del comunismo en toda Europa. Nosotros tenemos un punto de vista completametne diferente... *Rusia no ocupará, en la lucha tras la victoria, ninguna posición directora. Me atrevo a profetizar que los ingleses serán la máxima potencia militar en el continente. La influencia británica será entonces tan fuerte como en los días del desplome de Napoleón».* (Del libro «Cartas de Europa», del barón Stanffenberg. Citado por el general Heinz Guderian en su obra «Memorias de un soldado», Barcelona, 1953, pág. 181.)

ción nos habla Ortega, lo que nos rodea y nos es dado hecho, lo que sorbemos en costumbres, en imitación y aprendizaje desde que nuestros ojos se pasean curiosamente en derredor. Ella integra la fuerza moduladora de la sociedad que nos enseña a mirar el contorno de una cierta manera, y nos ofrece los signos mediante los cuales se nos va a hacer inteligible el abigarrado conjunto del Universo circundante. Esos signos, sin embargo, y esto es lo esencial, no han sido creados de la nada, no aprendemos con nociones elaboradas especialmente para nosotros, sino que los conceptos y principios que nos van a racionalizar la vida son el resultado de un largo proceso evolutivo que parte de tiempos remotos. Si queremos saber por qué juzgamos las cosas de tal o cual manera, por qué nos encontramos sumidos desde la cuna en una malla de vínculos jurídicos, en qué fundamos nuestras nociones matemáticas o estéticas, tendremos, inevitablemente, que tornar la vista al pasado y remontar la historia de nuestra cultura.

Así, por múltiples canales e incontables vías, en forma individual y como circunstancia social, fluye e influye en nosotros el pasado. Pero como esa influencia, tremenda cual es, nos penetra insensiblemente, como la atmósfera que nos rodea, transcurrió mucho tiempo antes de que algunos sagaces observadores se percataran de su existencia y colorearan su invisible corporeidad. La emersión del factor histórico como dato de magna importancia en la vida de los hombres y los pueblos no fue un súbito y deslumbrador descubrimiento, sino el resultado de un lento y paulatino proceso, lleno de titubeos y tropiezos, que hubo de culminar en el nacimiento de la gran conciencia histórica contemporánea. A partir de los destellos en profundidad de Vico, la Historia ha ido dejando de ser un ocioso relato de acontecimientos humanos y adquiriendo inusitadas dimensiones hasta convertirse en uno de los supuestos indispensables para descifrar la vida. De ahí el rango y la amplitud que han tomado en nuestros días los estudios históricos, la avidez con que son esperados y comentados, la infatigable reconstrucción de jornadas pretéritas e incluso la estructuración de un instrumento mental valorativo hasta hace poco desconocido: el historicismo. "El historicismo —dice Meinecke— ha llegado a ser de tal manera parte integrante del pensar moderno, que sus huellas son visibles para una mirada atenta en casi todo juicio sustancial sobre las formaciones humanas"[1].

---

[1] Fiedrich Meinecke, *El historicismo y su génesis*, Fondo de Cultura Económica, México, 1943, pág. 13. La trascendencia del movimiento historicista debe ser registrada como dato hondamente significativo, con entera independencia del juicio que nos merezca como teoría filosófica.

A impulsos de esta nueva conciencia, la Historia ha deshecho los viejos moldes y distendido poderosamente su capacidad abarcadora. El horizonte temporal de nuestro conocimiento ha saltado hacia atrás, más allá de los términos bíblicos, despejando paisajes del pasado humano distantes de nosotros cientos de miles de años; se ha quebrado el estrecho límite espacial y lo que para Ranke era la Historia Universal, es decir, la historia de Occidente, ha pasado a ser uno de los grandes aspectos del acontecer humano, pero uno de entre los varios que nos permiten reconstruir a grandes rasgos ese extraño fenómeno que es el paso del hombre por la faz de la tierra; datos sociológicos hasta hace poco desdeñados y apenas advertidos, han adquirido singular importancia y demandan detenido análisis, y los sacerdotes de una nueva ciencia, la Psicología, insisten en aconsejar el estudio de las costumbres y hábitos de los pueblos primitivos como clave para descifrar algunas misteriosas reacciones del hombre civilizado. Las consecuencias de toda esta ebullición han determinado una de las grandes revoluciones del intelecto humano, una fresca y diferente manera de enjuiciar los acontecimientos y un continuo planteamiento de nuevos y tremantes problemas, de nuevas y sugerentes respuestas.

Naturalmente que como espuela incitadora de esta búsqueda histórica, clavada en el ijar de nuestra época, está la conciencia de la crisis contemporánea, la alarma ante el futuro de nuestra civilización, la súbita y estremecedora noción de que el progreso humano puede apuntar hacia desastrosos resultados y de que lo que hasta no hace mucho era simple tema de especulaciones audaces: el colapso de nuestra cultura, es hoy por hoy posibilidad aledaña, asunto de trágica y vital importancia. Como siempre, desde que San Agustín, ante el derrumbamiento del orden romano, esbozara el primer gran ensayo de comprender los acontecimientos, los crujidos de la crisis han hecho alzar el vuelo a una bandada de concepciones históricas: Danilevsky, Berdiaeff, Spengler, Tonybee, Sorokin, todos se han esforzado en descubrir y fijar las reglas que rigen el vibrante danzar de los sucesos. Todos acuden a señalar y cerrar las fisuras que consideran más amenazadoras para el porvenir. Y como siempre, pero más concienzudamente que nunca, el primer gesto de todos ellos es abrazarse desesperadamente al pasado para arrancarle el secreto del futuro.

EL PASADO COMO PROBLEMA

De todo lo anteriormente dicho, arañazo apenas a las actuales concepciones de la vida y la Historia, emerge una nuda y escueta conclusión que, sin embargo, en pueblos como el nuestro, de emotividad intensa y vivir desembarazado, adquiere caracteres de urgencia, de rígido programa disciplinario: la esencial necesidad de cada pueblo de comprender y conocer a fondo su pasado como condición indispensable para poder interpretar su presente y planificar su porvenir... Pero ocurre, que frente a una afirmación tan solemnemente maciza, orlada ligeramente por una simplicidad perogrullesca, el impulso analítico se nos queda un poco defraudado y como a la deriva. Tras el amplio planteamiento esperábamos una conclusión más sustanciosa y ardua, menos asequible a la unanimidad, y esta incitación a estudiar más profundamente nuestra historia nos gana el fácil asentimiento que se concede a las empresas parvas y fácilmente realizables. Pronto hemos de ver, sin embargo, que entre nosotros esta cuestión del pasado y de la historia, ni es tan trivial, ni en torno suyo hay tan general acuerdo.

En primer lugar, porque nuevamente la Historia se ha hecho complejidad y problema e impone una inicial reflexión sobre su íntimo sentido. Frente al enigmático devenir de los acontecimientos, los filósofos han abandonado su pretenciosa confianza de antaño y reasumido una postura más clásica y humilde: la del asombro y la sorpresa. "No somos la divinidad que juzga —dice bellamente Jasper—, sino hombres que abren sus sentidos para participar en lo histórico, en aquello que cuanto más lo concebimos tanto más sorprendidos seguimos buscando"[1]. Esta participación en lo histórico, esta inmersión en una sustancia perpetuamente mirífica, que exige un previo esclarecimiento del propio concepto de la Historia, la adopción de una primaria postura definitoria desde la cual disparar el análisis sobre los eventos pretéritos, basta para disipar frivolidades y señalarnos la grave empresa que es hoy por hoy hablar de Historia. En segundo lugar, porque, por razones que luego se verán, nosotros vivimos descalificando el pasado y no gustamos ni alentamos el remonte sereno y fecundo del pretérito. Y, en tercer lugar, lo que es mucho más grave, porque resulta que ni siquiera hemos logrado ponernos de acuerdo sobre lo que constituye propiamente nuestra Historia y aún discutimos

---

[1] Karl Jasper, *Origen y meta de la historia*, Madrid, 1950, pág. 250.

dónde acaba España y empezamos nosotros o qué nos ha significado realmente el pasado español y el aporte africano. Con lo cual advertimos que tras la trivial apariencia, la cuestión ocultaba un espinoso trasfondo que requiere manipulación delicada.

Vamos, pues, alertas ya sobre la complicación del problema, a despejar un poco el camino esclareciendo el sentido de ese necesario conocimiento y comprensión del pasado, al cual nos habíamos referido como tarea preliminar e imprescindible para todo análisis del presente. Porque conviene destacar que hay muchas maneras de mirar el pretérito, y que si comenzamos por incidir en alguna distorsión inicial, no podremos alcanzar una visión clara del proceso recorrido. Aclaremos, por tanto, que no se trata de inflar patriotismo, a la manera usual y obligada, tornando los hechos pasados de modo que nos ofrezcan su aspecto más favorable, o de seleccionar arbitrariamente datos alentadores que muestren cómo nuestras jornadas marchan, al compás positivista, en uniforme progreso, ni siquiera de imitar a los antiguos y limitarnos a buscar en la historia las ejemplares lecciones de conducta que han de impedirnos, al decir de Polibio, tropezar dos veces con la misma piedra. No, esos caminos, exhornados de retórica, suelen desembocar en la vieja ironía de que la única lección de la Historia es que nadie aprende las lecciones de la Historia. Y no es cuestión de énfasis y retórica, sino de ceñimiento y análisis. Se trata, simplemente, de pulsar las fuerzas que partiendo del ayer conforman nuestro hoy, de conocer cuáles han sido los ingredientes de nuestro vivir, cuáles los caminos escogidos y por qué fueron escogidos, de comprender las circunstancias que moldearon nuestra esencia, lo que hemos hecho y lo que habíamos aspirado a hacer. Para así, en claro recuento de logros y fracasos, en sincera disección del pasado, llegar a saber qué factores juegan en nuestra realidad, cuál es nuestra responsabilidad en la hora presente y, sobre todo, qué tarea se ofrece a la generación que emerge como más urgente y perentoria.

Porque seguir como hasta ahora en un ingrávido deslizarse por el tiempo, desdeñando la influencia del pasado o, lo que es peor, moldeándolo no como fue, sino como a nosotros nos parece que debió haber sido, es la mejor manera de avanzar a la deriva, tanteando los senderos, chocando con los acontecimientos y sorprendiéndonos perpetuamente con la irrupción de fenómenos que el más somero análisis hubiera mostrado como naturales y fácilmente previsibles. Frente a las circunstancias adversas, nuestra reacción primaria y fundamental ha sido, hasta ahora, un cobijarse bajo la excusa de nuestra juventud o un arremeter hacia el mañana con proyectos de futuro que, sin peso realístico alguno, se pierden de inmediato en los espacios infinitos de las cosas inútiles.

Comprender el pasado no es tampoco, como creen algunos, buscar excusas para desvalorizar todo lo presente, o suspirar melancólicametne repasando un rosario de recuerdos. En el sentido que aquí hablamos, comprender el pasado es asimilar el proceso recorrido para proseguir la marcha con conocimiento razonado y seguro, es estudiar y fijar las normas del pretérito, no sólo para conocer la verdad de nuestro presente, que ya es mucho, sino también, y precisamente, para lograr que esas formas se hagan definitivamente pretérito y no nos entorpezcan el funcionamiento normal de nuestras actividades con la intoxicación de factores mal digeridos. "Amar el pasado —dice Ortega en sutil distinción de los tradicionalistas— es congratularse de que efectivamente haya pasado"[1]. Pues bien, en igual sentido, conocer el pasado es asegurarse de que ya es efectivamente pasado, es distinguir entre los varios factores operantes en el ayer cuáles volcaron ya todo su aporte en nuestra historia y de cuáles hay que esperar aún algún fermento. Así únicameste podremos librarnos del constante azoramiento que produce ver surgir en el primer recodo del camino un fenómeno que, dado ya por muerto, se sos antoja fantasmal e incomprensible, cuando es tan sólo el desarrollo lógico de una realidad aún operante. Mientras no nos decidamos a afrontarlo como ingrediente básico de nuestro presente, ni podremos conocer cabalmente nuestra realidad ni podremos vencer definitivamente al pasado.

Hace ya algunos años, un inteligente profesor mejicano, acuciado quizá por eso que ya podíamos empezar a llamar "dolor de América", lanzó una aguda y comprensiva mirada sobre el Continente de habla hispana, vio y sintió sus graves y agitados problemas, y llegó a una sugerente conclusión: Hispanoamérica no ha sabido asimilar plenamente su pasado, de ahí que éste siga siendo su presente. Las formas de vida del pretérito ni las hemos vivido integramente ni las hemos aceptado a cabalidad, por ello siguen siendo un perpetuo *revenant* y una amenaza constante. Así, mientras en todas partes las discusiones saltan hacia adelante hambrientas de futuro, nosotros hemos anclado nuestra polémica en torno a un pasado que no acaba de cicatrizar. Ninguna de nuestras jornadas es ya un dato muerto para los anales: hemos sido coloniales y nosotros, al tiempo que negamos nuestra vinculación a esa época, seguimos luchando contra sus residuos vigentes; nos declaramos libres, pero

---

[1] Ortega y Gasset, *Obras completas*, tomo II, pág. 43.

todos comprendemos que no lo hemos sido plenamente; hemos tenido dictaduras democráticas y democracias dictatoriales; se instaura la mano fuerte cuando la libertad luce ya afianzada y estalla la revuelta liberal cuando la opresión parece más inconmovible; ensayamos reformas económicas y queremos ser entonces más radicales que nadie, y viejos factores que prematuramente dábamos por superados las impiden o entorpecen... Todo marcha así, a saltos y sorpresas, en una perenne sensación de inconsistencia, cual si nuestras mejoras y adelantos estuvieran siempre en precario y como amenazadas de súbito hundimiento. "Sólo los pueblos que no han asimilado su historia pueden sentirse amenazados por su pasado", concluye serenamente Leopoldo Zea[1], y añade: "Nosotros los hispanoamericanos tenemos aún en la epidermis al conquistador y al conquistado, al colonial, al liberal romántico y a todo eso que fue nuestro pasado... Si en verdad eso fuese auténtico pasado, querría decir que habíamos empezado a realizar nuestra historia en el sentido dialéctico que señalaba Hegel". De acuerdo con este sentido hegeliano, América tendrá historia cuando sea capaz de negar un pasado que ya no le es propio. "Pero mediante una negación dialéctica, esto es, mediante un acto de asimilación. Dentro de una lógica dialéctica, negar no significa eliminar, sino asimilar, esto es, conservar. De acuerdo con esta lógica, lo que se es, se es plenamente, para no tener necesidad de volver a serlo".

Esto de ser lo que se es, no a hurtadillas y como de ficción, sino concienzuda y plenamente, conociendo a cabalidad la propia posición, es una vieja y fecunda idea del más limpio abolengo helénico (acuñado en verso de Plinio) que llega hasta nosotros rebosando sentidos y que nos sirve más que ninguna otra para golpear nuestro contorno, ahito de mixtificaciones, y percibir cuantas cosas y posturas suenan a falso e inauténticas. Su enarbolamiento y posterior desarrollo, dentro de esa certera forma de enjuiciar la asimilación del pasado, bastan para imponer el respeto frente a la tesis de Zea, elaborada, acaso, partiendo de una cierta inicial irritación frente a Hegel. Porque aun en su ceñimiento a la dialéctica hegeliana, se le transparece al profesor mexicano un sensible escozor ante el desdén con que Hegel, en unas breves líneas, cierra su juicio sobre América y la deja al margen de la Historia. Duélele más que nada la actualidad lacerante de eso que Hegel llamaba el vivir reflejado de Europa y que, pese a todos los esfuerzos, sigue siendo un estadio por superar, un acicate de minorías ambiciosas. Y, sin

---

[1] Leopoldo Zea, *Dos etapas del pensamiento en Hispanoamérica*, México, 1949, cap. I.

embargo, la altanera actitud de Hegel es, en cierto sentido, fácilmente excusable. El profesor alemán escribía en la primera mitad del siglo XIX, en el momento en que Europa alcanzaba la plena conciencia de su superioridad y se sentía síntesis y compendio del mundo. Dentro de Europa, el orgullo germánico encuadraba a su sabor la historia. Todo lo que caía más allá del círculo alcanzado por la luz helénica era, para usar el típico vocablo germánico, cargado ya de peyorativas resonancias, *urdumheit*, la estupidez primitiva, los pueblos amorfos cuyas sombras sólo servían para hacer resaltar el esplendor de Europa. De ahí el gesto desdeñoso con que Hegel recoge el manto de la civilización europea para que no se macule con la inferioridad circundante.

Ahora bien, la sensibilidad frente a Hegel en nada desvirtúa o afecta la profundidad de la tesis de Leopoldo Zea. La actitud negativa del hispanoamericano frente a su pasado, el desconocimiento del mismo o el deseo de borrar de su trayectoria las fases o etapas que le resultan desagradables y enemigas, lo han mantenido en perpetua y turbulenta lucha consigo mismo y han impedido la sedimentación progresiva de su historia. "El progreso exige —señala Ortega—, junto a la capacidad de no ser hoy lo que ayer se fue, la de conservar eso de ayer y acumularlo"[1]. Precisamente, nosotros hemos hecho todo lo contrario. Lejos de acumular, hemos dilapidado y restado, disminuyendo al mínimum lo que realmente podemos considerar nuestra historia y dificultando nuestro esencial autoconocimiento[2].

Ese constante esfuerzo insurreccional frente a lo que es, querámoslo o no, nuestro pretérito, ese apasionado empeño de amputar jornadas del pasado para buscar fundamentos nacionales en bases o formas políticas consideradas como más convenientes, aunque requieran inserción violenta, explica y se comprueba simultáneamente en una aparente paradoja que en Cuba, parcela avanzada de Hispanoamérica, ha desconcertado a más de un investigador: Y es que, siendo el nuestro un pueblo de breve ciclo histórico, la tarea investigadora, lejos de facilitarse con ello, se eriza de insospechadas y marginales dificultades. Y es que los factores del pretérito están aún tan vigentes y sobre ellos zumba la polé-

---

[1] José Ortega y Gasset, *Obras completas*, tomo V, pág. 202.

[2] En un libro bastante más reciente que el de Leopoldo Zea, y abundando, aunque sobre otros fundamentos, en la tesis de la asimilación frente a la negación, dice Eudocio Ravines, hablando de nuestra emancipación del coloniaje mental europeo: «La liberación de tal coloniaje mental no será obra de repudio o de negatividad pura, sino obra esencial de creación y afirmación de un pensamiento propio y específico» («América Latina», Buenos Aires, julio de 1954, pág. 256).

mica en tal forma, que las conclusiones, por más objetivas que pretendan ser, tienen repercusión de presente y rozan las fibras más sensibles de la nacionalidad. Con lo cual el incauto historiador se encuentra de pronto transitando no por muertos senderos de cultura, sino en pleno campo de batalla y observado por los contendientes. Con ello, naturalmente, las afirmaciones se le entibian de cautela y la voz de aviso o de consejo se le apaga en el simple murmullo insinuante, de quien habla entre adversarios y como temiendo despertar a las furias dormidas tras el horizonte. Ello explica, asimismo, el porqué en más de un estudio intrascendente sobre nuestra historia advertimos sorprendidos cómo, sin causa que lo justifique, al tocar un tema sensible, el estilo del autor se alinea de pronto en sesgo polémico y actitud defensiva, como ejército que aguarda la embestida de un enemigo invisible.

En la vieja Europa, el pesquisante que ande a la caza de acontecimientos pretéritos o en empeños iluminadores de la realidad nacional, tiene ante sí una amplia trayectoria histórica en la que destacar, con amorosa paciencia, los factores integrantes de la nacionalidad. El pasado se le ofrece macizo y en bloque, como la piedra al escultor, susceptible de ser hendido por la investigación o conformado por la teoría, pero seimpre con una alentadora unidad. Ya hemos visto que en Hispanoamérica, y en Cuba especialmente, acaece lo contrario: nuestra historia se ofrece fragmentada y escindida en épocas antagónicas, gran parte de nuestro pasado ha sido negado sañudamente por nosotros mismos, y frente a un mismo hecho las interpretaciones apasionadamente contradictorias chocan como las espadas de los contendientes. De ahí que el pasado no sea para nosotros raíz unificadora, sino a la inversa, almácigo de discordias, generador de complejos [1].

La primera consecuencia de esta implacable dualidad frente a un mismo pasado es el reducimiento de nuestra nacio-

---

[1] En el año 1952, un Congreso de Archivos y Bibliotecas, celebrado en Madrid, aprobó una ponencia del argentino Sigfredo A. Radaelli, la cual, recogiendo una tesis del historiador Ricardo Levene, también argentino, proponía la denominación de «período hispánico» para la época anterior a la independencia de América, sustituyéndose así la expresión de «período colonial» con que era conocida y estudiada. Ese mismo año, nuestro Décimo Congreso Nacional de Historia, celebrado en la ciudad de Matanzas, aceptó la proposición de su presidente, el Sr. Enrique Gay-Calbó, oponiéndose a dicha denominación de «período hispánico», porque ella tendía a suprimir la historia. Como se ve, sin meternos a opinar en la polémica, la discordia en cuanto a nuestras épocas históricas y su significación, sigue latente y se encrespa aun en la cuestión de los epígrafes. Véase «En el cincuentenario de la república», Municipio de La Habana, 1953, pág. 77.

nalidad histórica. Somos un pueblo que pretende no tener vínculos de unión con el pasado, que navega libre de toda tradición o amarre, surgido *ab-nativitate*, acabado y perfecto, de unas cuantas cabezas egregias y del parto violento de la lucha emancipadora. Lo que no esté enmarcado por la pauta señera del patriotismo, no es propiamente nuestro, sino, por el contrario, lo antinuestro, es decir, lo enemigo, lo vituperable, el peso muerto que debe ser lanzado por la borda para aligerar nuestro paso.

Y es que nosotros no hemos caído en la cuenta de que nuestro nacionalismo histórico, semejante en apariencia al de los europeos, tiene en realidad signo contrario y marcha a la inversa. En Europa, el patriotismo llevó a la unificación y al ensanchamiento del ámbito colectivo, a nosotros nos condujo al desgarramiento y angostura de nuestro pretérito. Allá se trataba de añadir reciedumbre al tronco mostrando la vitalidad de las primeras raíces del subsuelo histórico, aquí el sistema era demostrar la lozanía de las ramas a costa de señalar la podredumbre y debilidad del tronco. Por eso en Europa, cuando el fervor nacionalista convirtió a buenos historiadores en malos propagandistas de la grandeza patria, los investigadores se lanzaron en un hondo buceo a profundizar más y más los orígenes de la raza y la cultura. Y así los alemanes se empinaron con Treischke para saludar en las tribus germánicas a los primeros exponentes de la grandeza alemana y llegaron a lamentar ficticiamente que las armas de Roma, fautoras en realidad de la unidad Europa, hubieran destruido la lozana promesa de una cultura germánica ascendente. Los franceses con Camille Julián se hundieron hasta más allá de Vercingetórix para encontrar los latidos iniciales de la gloria nacional. Y los españoles afinaron el oído para percibir en las palabras de un puro latino como Séneca los primeros acentos de la voz hispánica [1]. Nuestros nacionalistas, en cambio, cuanto más sustancia española descubren en nuestro pasado, más se repliegan hacia el presente, porque somos tanto más cubanos cuanto menos españoles. Así, mientras la mirada del europeo se dilata de orgullo cuanto más lejos alcanza, la nuestra se estrecha de bochorno cuanto más atrás llega. Y es que, sencillamente, nosotros no queremos ser hijos de nuestro pasado.

---

[1] En cuanto a la debatida cuestión del «senequismo» de los españoles, me inclino por la tesis negativa esbozada por D. Américo Castro en su recio libro «La realidad histórica de España». Conviene, sin embargo, tener en cuenta las atinadas observaciones de Juan García Barón, en su artículo «Américo Castro y el senequismo», en la revista de Filosofía, Inst. Luis Vives, octubre-diciembre, 1955, núm. 55, pág. 555.

Naturalmente, como nadie puede resignarse a renunciar íntegramente el pasado y es preciso encontrar una mínima cuota de tradición colectiva que aliente y unifique [2], hay quien está dispuesto a investir con la jerarquía de antecedente nacional a cualquier manifestación del *folk-lore* africano, o a dar algún salto en el vacío de cuatro centurias para asimilar la rebeldía episódica de un indio dominicano y ver a su gesto de bravura la primera expresión de nuestra lucha redentora. A propósito de esa singular peripecia dice Pittaluga en suave pero firme amonestación: "Yo me explico que el sacrificio de Hatuey y el exterminio de sus secuaces hayan sido ensalzados como símbolos durante los años de la guerra de independencia. Pero hay que darse bien cuenta de que es un puro sentimiento, nacido además de un resentimiento... Ahora bien, por debajo del resentimiento y del sentimiento no queda nada, no hay nada que pueda establecer un vínculo eficaz entre la sociedad cubana actual... y los vagos recuerdos de las tribus precolombinas" [1].

Un sentimiento nacido de un resentimiento... Así, como al desgaire y de pasada, un europeo sagaz clava en nuestra realidad certeramente su intuición y nos permite vislumbrar el entresijo de algunas actitudes. Resentimiento hacia el pasado, rencor de que esté ahí y sea de esa manera y no pueda ser rehecho o modificado a nuestro antojo, sorda irritación contra esas tres centurias que arrastramos a la espalda, que nos negamos a asimilar como nuestras, y a las cuales, en trágica contradicción, achacamos la culpa de todos nuestros males forzándonos al tremendo escorzo de iniciar el canto laudatorio de nuestra nación con el vituperio tenaz de sus orígenes. ¡Cuántas explicaciones sobre muchos gestos y reacciones se derraman sobre nuestro paisaje al llamado de esas ideas! ¡Cómo se ajustan y aclaran algunos aspectos nacionales hasta entonces incomprensibles!

---

[2] De esta necesidad de encontrar a toda prisa un caudal de pretérito que unificara las conciencias estaban bien poseídos los primeros fundadores de nuestras nacionalidades, testigos y autores de la gran ruptura con España. En México, la fórmula fue la revalorización de la tradición indígena; en Argentina, Bernardino Rivadavia mandó escribir en 1814 la «Historia filosófica de la Revolución de Mayo» (nótese que ya el título va cargado de intenciones) con estas profundas palabras: «La falta de historia propia es una de las causas más eficaces de la falta de fuerza moral y de espíritu público en nuestras repúblicas». Véase Ricardo Levene, «La cultura histórica y el sentimiento de la nacionalidad», Buenos Aires, 1942, pág. 20.

[1] Gustavo Pittaluga, *Diálogos sobre el destino*, Habana, 1954, pág. 124.

RECTIFICACIÓN Y BÚSQUEDA DE RUMBO

Y he aquí cómo nuestra inicial incitación de estudiar más a fondo nuestra historia nos ha ido despejando una problemática cada vez más enrevesada y configurándonos la urgencia de una nueva actitud. Frente a esa situación perturbadora que choca reciamente con la ya definida necesidad de un esencial y exacto conocimiento del pasado, no queda otro recurso que replantear nuestros antecedentes y rehacer nuestra historia sin sentimientos ni resentimientos para, mediante la cabal interpretación de nuestro pretérito, poder librarnos de íntimos complejos y ajustarnos a nosotros mismos, llegando a saber quiénes somos realmente, lo que podemos y de dónde venimos. Porque aun para librarse de unos antecedentes que se consideran oprobiosos y negativos, nada mejor que indagarles el sentido y marcar definitivamente los límites de su influencia. Acaso el empeño nos descubra que nuestro origen y raíz no son peores que los de otros pueblos frontales de la civilización, sino que, por el contrario, dan pábulo al ánimo y la esperanza, y nos siembre el convencimiento de que sea como sea y júzguesele como se le juzgue, nuestro pasado está en nosotros, es nuestra ineludible premisa, y debe ser asimilado definitivamente para convertirlo al fin en verdadero e inmóvil pasado, no en agitada cuestión de presente.

Porque tengo para mí que, entre otras consecuencias, el dejarnos llevar por la pasión y el resentimiento frente a la circunstancia colonial, englobando los resultados de sus casi cuatro centurias en la cómoda y denigrante síntesis de Villanova: "El exterminio de los indios, el tormento de los negros y el envilecimiento de los blancos", ha sido un factor de desasosiego e inseguridad en lo más íntimo de nuestra conciencia nacional, que ha empañado nuestra pupila tornando indescifrables muchos de nuestros problemas y que ha producido, en última instancia, un resultado adverso y disolvente. ¿Cómo vamos a levantar el ánimo de nuestra juventud, tan urgida de aliento, si ponemos ante su mirada sedienta de cumbres un pasado pródigo sólo en abyección y vileza? ¿No hemos visto desfallecer mil veces el noble impulso renovador frente a una conducta actual vituperable, el peculado por ejemplo, ante la falsa excusa de que aquí se ha robado siempre al tesoro público, desde la época colonial, con lo cual el vicio adquiere caracteres tradicionales y se hace inconmovible, y más que como rebajamiento de funcionario se presenta como defecto ancestral e insuperable de la raza? Si todo lo anterior, salvo las luchas emancipadoras, es sombra y latrocinio, si la degeneración nos viene impuesta por la herencia, no es difícil justificar las tinieblas actuales como permanencia y sedimento de ese pasado. De esa manera, las rebeldías vienen a ser lo episódico y fugaz, las flaquezas lo constante. Ya se deslizó alguna vez por nuestro ambiente aquella sonrojante teoría que explicaba cualquier tropiezo colectivo como el resultado natural de un pueblo fundado por la hez de las prisiones de España y el mísero aporte de los esclavos africanos... Deber de ahora, de esta generación que quiere limpiar la mirada de Cuba, es romper para siempre tan cínico encadenamiento y desvanecer tan mendaz tradicionalismo, revalorizando certeramente el pasado, arrojando luz sobre el proceso integrador de nuestra patria, revelando las tensiones espirituales que hicieron posible nuestra penosa marcha hacia la libertad y la civilización, unificando y explicando la totalidad de los factores históricos, sin necesidad de saltos problemáticos ni rencores estériles, reconociendo los tropiezos y valorando las caídas desde un punto de vista imparcial y sereno [1]. Nos hace falta —decía yo en un artículo anterior [2]— una filosofía beligerante de ariete y escalpelo que se atreva a hendir sin misericordia, a profundizar seriamente, y a proclamar en voz alta las verdades que encuentre. Seriedad en el conocimiento y sinceridad en la expresión son los pivotes sobre los que debe girar hacia atrás nuestra generación para replantear, con ánimos de solución, nuestro proceso histórico; quiero decir todo nuestro proceso, el colonial y el republicano.

Naturalmente que, de una manera o de otra, todas las generaciones, por el solo hecho de asomarse al tiempo con una nueva pupila, replantean la historia y enfocan peculiarmente el pasado: a sus ojos, los hombres y los hechos del pretérito se bañan entonces de luz y de sombras, de acuerdo con su nueva estimativa. Impulsada por los progresos de la técnica arqueológica y forzada por sus propias urgencias, la conciencia humana está perpetuamente reinterpretando la

---

[1] Me parece conveniente aclarar, para evitar malas interpretaciones, que la imparcialidad frente a nuestros antecedentes históricos no implica caer en una defensa de España. La defensa o el ataque, la pasión en pro o en contra de la obra hispánica, tienden a deformar igualmente la valoración del pretérito. Se trata de entender, y el entendimiento implica la neutralización de todo conflicto mediante su desplazamiento a una zona analítica y objetiva que permita la serena comprensión de sus términos. Precisamente lo que estamos postulando es la evasión de las posiciones antagónicas: ni leyenda negra ni leyenda blanca, ni el conquistador sangriento devorador de indios, ni el noble cruzado de una misión evangélica. La enorme aventura humana de la conquista y colonización de América no puede ser encasillada en tales sintéticas posturas, ni puede ser asimilada partiendo de esas premisas que, como extremas, son radicalmente falsas. Mucho malo hizo España, y negarlo es negar la razón de nuestra rebeldía, pero quedarse en la negación significa también torcer la posibilidad de entendernos verdaderamente.

[2] «La realidad de Hispanoamérica», Revista de Filosofía, enero-junio, 1952, pág. 43.

historia y enjuiciándola de acuerdo con las valoraciones vigentes en cada momento. Pero hay veces, como en nuestro caso, que ese movimiento natural y espontáneo exige y requiere una mayor concentración de energías, un rigor específico. La actual generación cubana tiene el deber de remontar el pasado con mayor vigor y más a fondo que todas las anteriores porque fáltale, como a ninguna otra, terreno sólido donde afirmar su credo, porque le ha tocado bracear en tiempos procelosos para nuestra civilización y porque el trasmontar medio siglo de república sin haber logrado aún el afianzamiento político, exige ya cálculo y recuento, rectificación de rumbos. Sentimos que apremia la circunstancia nacional y que frente a ella no cabe sino firmeza y conciencia, que suena vacía y pávida la excusa de nuestra juventud como pueblo y que es ya cosa urgente tener un mínimum de sentido direccional, una cierta línea de conducta, por más general que sea, para barruntar nuestra responsabilidad y nuestro objetivo en la confusa circunstancia donde nos ha tocado vivir.

Pero advertimos con ello, y no sin cierta alarma, que en el hilo de la meditación sobre nuestra actitud frente al pasado se nos ha insertado un nuevo elemento de honda y significativa trascendencia que nos impone una pausa reflexiva: la responsabilidad de una generación, el deber de un grupo histórico. ¿Y cómo vamos a empalmar ambos conceptos? ¿Por qué la tesis de la rectificación del pretérito nos ha hecho desembocar en esta nueva y sugerente idea del deber de una generación?... El mero esclarecimiento de este último concepto nos indicará el punto de enlace y la vinculación de estos dos temas, cuya cópula ha de resultarnos fecunda en consecuencias.

EL DEBER DE UNA GENERACIÓN

Podemos comprender a grandes rasgos cuál es la responsabilidad de una generación si la juzgamos partiendo de las conclusiones anteriormente establecidas. Habíamos dicho que cada generación que arriba al escenario histórico va a manipular un cierto número de instrumentos e ideas que le son entregadas hechas ya por la comunidad en que viven como don gratuito de sus antecesores. Este heredamiento, sin embargo, trae aparejado un mandato y una obligación. Porque ese determinado número de instrumentos e ideas que se reciben, encierra el cúmulo de posibilidades que tiene delante esa generación, las potencias a desarrollar, los problemas a resolver, las alternativas a seleccionar, el círculo de movimiento. Su deber inmediato, su responsabilidad con el futuro, es ampliar ese círculo de facticidad, continuando lo que Herder llamó la cadena dorada, distendiendo el campo de acción de sus miembros y ampliando el panorama de eventualidades, para que la generación subsiguiente encuentre un repertorio enriquecido de coyunturas, una vida más múltiple y henchida, una mayor holgura en el hacer[1]. Si la juventud posterior a esa generación puede moverse con superior desenvolvimiento corporal y anímico y recibe un número acrecentado de senderos posibles sobre los cuales correr hacia el futuro, entonces el paso de la generación estudiada puede marcarse con una señal positiva, como de haber contribuido al progreso y a la civilización de su nación y de su época. Si, por el contrario, lo que deja tras sí es tan sólo un ámbito más angosto y reducido, un menguante caudal de potencialidades, entonces su jornada ha sido de decadencia y el nivel del grupo ha descendido levemente hacia la barbarie. Porque ello quiere decir que algunas añejas formas de convivencia o de cultura han sido o están en trámites de ser olvidadas y abandonadas, tornándose, a los ojos de los que llegan, en algo ajeno e incomprensible. Y barbarie, en esencia, sigue significando eso solamente: la incapacidad de comprender.

Estrujando peligrosamente el concepto de civilización podíamos sustanciarlo en el sentido de que es tan sólo un proceso de multiplicación de posibilidades. Nos civilizamos, es decir, progresamos, cuando acrecentamos el número de las cosas que nos son posibles y extendemos esas posibilidades sobre una zona cada vez mayor del Universo. El salvaje, el hombre primitivo, vive en un estrecho y ceñido círculo de eventualidades, su quehacer se constriñe a ciertos, reducidos y vitales menesteres que le vienen impuestos por la necesidad y que no puede descuidar salvo pena de perecer. El número de cosas que le están vedadas es infinito, porque

---

[1] Ello implica, desde luego, una lucha, una dura batalla contra la propia circunstancia heredada de los antecesores que tiende a convertirse en férreo límite de movimiento. Porque a medida que la generación rectora envejece y agota sus recursos vitales, trata de fijar sus logros como finales y definitivos y propende a imponer a la joven generación sus usos y actitudes, que ahora empiezan a ser ya tradicionales. De ahí la perpetua rebelión de los jóvenes contra la tradición de los mayores, frenos con que los que van de retirada mantienen aún su vigencia en la sociedad. Ya en el siglo pasado Hermann Lotze, que fue uno de los primeros en hurgar en este fenómeno histórico (aunque sin dar con el concepto fundamental de la generación que más tarde Pinder y Ortega iban a descubrir como gozne donde giran las páginas de la historia), encuadraba en dos grandes reacciones la actitud de los jóvenes frente a los resultados de sus antecesores: usar y combatir. «La influencia de la historia comienza cuando el individuo encuentra el resultado de la labor de sus inmediatos predecesores, en las condiciones que se encuentra al nacer, a las cuales tiene que acostumbrarse, y las cuales tiene que usar y combatir.» (Hermann Lotze, *Microcosmus*, Edinburg, 1885, vol. II, pág. 150.)

hay una sola que le exige toda su atención y todo su tiempo: la búsqueda y captura de alimentos. Por eso, casi como el animal, es característico del salvaje el no poder detenerse a planear el futuro o proyectar el mañana; está compelido a vivir la vida del instinto, es decir, la vida del instante, del momento inmediato, con sus apetencias irrefragables y sus inaplazables necesidades. La civilización es el proceso mediante el cual ese ser que cabalga a perpetuidad sobre el presente, aherrojado por las circunstancias a un rudo existir, va aumentando paulatinamente sus posibilidades e independizándose de la tiranía del medio. Primero llegará a sembrar además de cazar, con lo cual se hará más quieto y metódico su existir, más tarde se agrupará en mayores comunidades e iniciará fecundos intercambios, y luego pondrá a otros a trabajar para él y logrará los ratos de ocio indispensables para mirar en torno y reflexionar sobre su naturaleza y su destino. Cada grupo humano, cada generación, debe cumplir su parte en ese proceso volcando en el repertorio colectivo el resultado de su labor, que habrá de abrir o cerrar nuevas posibilidades vitales para los descendientes. Zubiri, que tan profundamente ha hendido esta faceta de la historia, ejemplifica la cuestión: "Pasar no significa dejar de ser, sino dejar de ser realidad, para dejar sobrevivir las posibilidades cuyo conjunto define la nueva situación real. En el siglo XVI ya no había feudalismo; pero los hombres de entonces fueron otra cosa, gracias a las posibilidades que les otorgó el haber sido antes feudales"[1].

En el siglo XVI, por ejemplo, para clarificar aún más el asunto, las posibilidades del hombre mahometano eran idénticas si no superiores a las del hombre europeo, ambos se movían en esferas culturales y técnicas muy semejantes. Tres centurias más tarde, las del occidental, gracias al esfuerzo de algunas generaciones egregias y a una mutiplicidad de concausas, se habían multiplicado infinitamente, mientras que las del oriental habían permanecido estáticas en el aspecto material y se habían reducido en el de la cultura. Roto el equilibrio entre las dos civilizaciones, cuyos bordes de fricción habían llegado a estabilizarse, la occidental se derramó sobre la otra, sojuzgándola en su propio provecho. De ahí que los musulmanes desde hace unas décadas, parcialmente despertados de su letargo histórico ante la realidad de una situación inferior a la del europeo, tratan de acelerar su ritmo vital y asimilar las condiciones esenciales de la civilización dominadora para, nivelando nuevamente sus posibilidades, poder combatirla con sus mismas

---

[1] Xavier Zubiri, *op, cit.*, pág. 314.

armas [1]. En tal único y estricto sentido, puede señalarse a las generaciones árabes intermedias como generaciones negativas, estáticas, que desertaron de su deber frente al futuro y permitieron que disminuyera y se deteriorara la espléndida herencia de sus antepasados.

UN EXPERIMENTO DE BIOLOGÍA HISTÓRICA

Aclarado ya lo que puede entenderse por responsabilidad y deber de una generación, es decir, su obligación de añadir nuevas posibilidades existenciales a las que ha recibido, podemos tornar a la situación cubana y enfocar esos conceptos sobre un acotado campo de realidad histórica. ¿Cuál es, dadas las actuales circunstancias, la faena más premiosa a realizar por la actual generación cubana si quiere cumplir ese su deber fundamental? ¿Sobre qué punto del contorno hemos de apoyar el hombro para ampliar el margen de posibilidades de nuestra colectividad?... El engarce de esta cuestión generacional con el tema del pretérito se nos hace ahora plenamente visible. Porque intuimos de inmediato que no nos será posible responder a tales preguntas trascendentales si previamente no dilucidamos cuál ha sido el ámbito de facticidad que nos ha sido legado, si no esclarecemos los límites y las condiciones de la circunstancia histórica donde nos encontramos existiendo, forjada por las generaciones cubanas anteriores a la nuestra. Y ello, inevitablemente, nos lanza hacia una síntesis comprensiva de todo el proceso cubano precedente. Somos nosotros la esperanda de una cadena histórica ascendente o, por el contrario, nuestra angustia es vértigo de descenso? ¿Nuestro pulso colectivo late ahora con más vigor que antes o percibimos algunas fallas alarmantes? ¿Avanzamos o retrocedemos?... Más de una vez en el horizonte intelectual cubano ha asomado esta inquietud y hasta ha saltado en torno a ella la polémica sin llegar nunca a alcanzar rango de cuestión soberana acreedora de más meditación y método [1]. El optimis-

---

[1] Notemos de paso que la enorme simplificación a que tiende la civilización europea, su concreción y apretamiento en fórmulas simples y esquemas sencillos, ha facilitado la apropiación de sus símbolos y proclamas por parte de los pueblos no europeos, que ahora esgrimen contra ella las armas ideológicas que ella enseñó al mundo. Se actualiza así un mito dorado y peligroso que iluminó la aurora de la Historia y a cuyas consecuencias y peligros ha dedicado el profesor Luis Díez del Corral un libro de hondo y sugestivo título: *El rapto de Europa*.

[1] Recuérdese, por ejemplo, el artículo de Carlos M. Trelles, transido de inquietud patriótica y publicado en la Revista Bimestre Cubana (julio-agosto de 1924, vol. XVIII, núm. 4), titulado «El progreso y el retroceso en Cuba». En dicho artículo, entre otros datos interesantes, se incluía el siguiente cuadro ilustrativo de la proporción de soldados y maestros en

mo declamador, nuestra hipersensibilidad a la crítica y acaso nuestros evidentes progresos materiales, se han encargado siempre de enquistar la duda, haciéndola silenciosa, pero no inoperante.

Vamos, pues, nosotros a empezar por desplegarla íntegramente en nuestra mesa de trabajo para ensayar un experimento de biología histórica que confío nos facilite las conclusiones necesarias para medir nuestra circunstancia y encontrarle la fisura por donde debemos abrirnos paso hacia un mejor futuro.

Por lo pronto, tomemos de entre los últimos ciento cincuenta años de nuestra historia, que son los verdaderamente vitales, dos especímenes aislados de la fauna criolla y sepáremoslos en dos probetas diferentes, rotuladas con los años de donde han sido sacados: un joven cubano de 1850 y otro de 1950. Entre ellos se extiende una centuria, la más trascendental y enjundiosa de nuestra trayectoria, dentro de la cual Cuba, entre otras cosas, libró dos guerras de independencia, se afirmó como estado, deshizo el vínculo político que nos sometía a los yanquis, derribó una dictadura y estableció una Constitución acogedora de los últimos estremecimientos sociales. Los matices que diferencien a esos dos jóvenes, las condiciones que los distingan, serán el indudable resultado de esas diez décadas suculentas, hacedoras de historia. Por ellos, por lo que tengan de diverso sus posibilidades materiales y espirituales, podremos juzgar con un

---

nuestra república, que se explica por sí solo:

Año	Maestros	Soldados
1903	3.500	3.000
1905	3.650	5.000
1910	4.000	8.600
1912	4.500	10.400
1916	4.200	15.200
1917	4.800	17.000
1919	5.400	18.000
1922	6.000	13.000

«Marcado contraste se presenta, además (añade Trelles), entre el desarrollo de la escuela y el del cuartel. A medida que la instrucción de nuestro pueblo ha ido decayendo, hecho que se ha mirado con creciente indiferencia, el ejército ha ido aumentando y mereciendo la predilección de nuestros gobernantes. Tal parece que el ideal ha sido organizar una república militar en que el sable impere sin cortapisas.» ¡Y esto se escribía en 1924, antes de que ningún gobierno hubiera provocado una situación interior de tal naturaleza que lo obligara a gastarse cantidades astronómicas en el equipamiento y manutención de un numeroso ejército, nutrido de todo el costoso armamento moderno, en un país sin fronteras que guardar ni conflictos externos!

También el ensayo de la misma fecha de Fernando Ortiz titulado «La decadencia cubana». Hace aproximadamente una década recuerdo un polémica entre Ramiro Guerra y Jorge Mañach, que bordeaba algunos aspectos del tema.

poco de certeza el siglo que los separa, el sedimento dejado por las generaciones intermedias. Principiemos por aplicarle al joven cubano de 1850 las conclusiones ideológicas que ya hemos previamente esclarecido y que nos van a indicar el nivel de su situación histórica. ¿Qué posibilidades de hacer, de realizar cosas, se le ofrecen a ese bacilo social que se enfrenta a la vida en la circunstancia de 1850? Juzgado sólo en su actividad exterior, en su capacidad de obrar, ¿qué oportunidades le brinda en su época el medio social circundante? Indudablemente sus posibilidades de hacer son bien limitadas. El individuo en cuestión vive en un país esclavista y agrícola, evadido apenas de la condición factoril, que le ofrece unas estrechas e invariables zonas de trabajo, unas limitadísimas perspectivas de labor. En cuanto al aspecto lujoso de las civilizaciones, es decir, la facultad de ocio y disfrute, también el medio se le reduce a algunos paseos y veladas, a íntimas tertulias y contados teatros. En lo factible, sea para trabajar o divertirse, el desnivel entre su grupo y el de las colectividades civilizadoras del mundo es amplia y perceptiblemente hondo. De ahí que para el joven de 1850, la palabra Europa se le envuelva en halo dorado y el menor contacto con la pujanza material del Norte le abra en el alma una vena admirativa. Si inmediatamente movemos nuestro enfoque para situar bajo nuestra mirada a un especimen semejante de 1950, quedaremos pasmados ante la evidente multiplicación de sus posibilidades de hacer, que ha hecho desaparecer el desnivel con las demás naciones. El joven cubano de 1950 tiene ante sí, abiertas y tremantes, todas las vías que ofrece el ritmo vital contemporáneo. Con una mínima capacidad económica sus horas y minutos se hinchan de cosas por hacer y disfrutar, y el medio que lo circunda, a la altura de los más civilizados del planeta, se le ofrece pletórico y rebosante de posibilidades. La esfera de acción estrecha y reducida de antaño, ha saltado hacia atrás amplificando enormemente el ámbito de lo factible. En el puro hacer, ya sea para trabajar o disfrutar de la vida, el medio cubano actual arroja un saldo tan francamente favorable que nosotros, empeñados en ser meros observadores imparciales, no podemos evitar que se nos alce en el alma una cierta sensación de orgullo.

Desgraciadamente el orgullo no se compagina con el rigor analítico. Hay muchos investigadores de nuestra realidad que ahí mismo levantan la vista del experimento y se lanzan a publicar conclusiones de burbujeante optimismo sobre nuestro vigor colectivo y nuestro progreso como pueblo. El lector y yo, sin embargo, vamos a continuar el análisis hasta completarlo.

Porque preciso es destacar que lo anterior es sólo una

parte del experimento y que aún estamos a mitad del camino. Llenémonos de paciencia y tornemos concienzudamente al ente juvenil aislado en la probeta de 1850 para aplicarle un nuevo reactivo. ¿Qué posibilidades de ser, no de hacer, sino de ser, tiene a su alcance en el medio circundante? Alentado por una noble aspiración, ¿qué probabilidades tiene ese joven de cultivarse lo suficiente para llegar a ser un hombre conspicuo en el campo de la cultura o de la ciencia? ¿Qué crédito de aliento y esperanza sobre su propio esfuerzo y el de su pueblo, sobre sus ansias de superación, le brinda la colectividad en que se desarrolla? Aquí sus posibilidades, en relación con la época, no son tan escasas ni tan magras. Ese mozo tiene en contra un régimen colonial retrógrado y suspicaz, reacio a apoyar cualquier esfuerzo cultural y vive en un medio intelectual que marcha a la zaga, aunque no muy atrás, de los pueblos frontales que abren los caminos de la civilización. Sus estímulos y sus orientaciones dependen casi íntegramente del equipaje cultural que desembarcan los navíos que llegan de Europa y a su lado se encuentra una Universidad claustral que trabajosamente se despereza del ritual escolástico, pero que no es desdeñable foco de estudios superiores. Cuenta, sin embargo, con un estímulo fundamental: para insuflarle nobles anhelos de superación, para incitarlo hacia los graves temas del saber y despertarle una honda y orgullosa vinculación a la tierra y a la colectividad, hay una incipiente y lozana tradición de cultura, un ambiente ávido de conocimientos y un preclaro grupo de maestros que difunden en todas partes su confianza en las cualidades del pueblo cubano, cuya conciencia está debelando, y su fe en el poder de las ideas. El grupo juvenil de 1850 surge y se mueve con aliento mañanero porque, como alimento nutricio, hay una fresca convicción ambiental de que es preciso hacer patria y de que es indispensable, ante todo, forjar los instrumentos patricios: la conciencia y la ciencia. De ahí que observemos a nuestro joven desflorar ansiosamente los libros capturados al barco o al amigo; correr, con las ideas aún no asentadas, en busca del comentario o la discusión fecundadora; intercambiando estímulos intelectuales; ensayando aquél la novela, braceando éste en la filosofía, descubriendo el otro la flora y la fauna de la Isla; avanzando todos, codo a codo, por panoramas sociales e intelectuales cada vez más amplios y proyectando con ímpetu la reputación cultural de Cuba.

Ahora, danzando aún en la pupila del ambicioso tropel de hace un siglo, desplacémonos nuevamente hacia 1950. Frente a esa misma pregunta sobre las posibilidades de ser, de alcanzar a uña y diente de esfuerzo un puesto cimero en la ciencia o la cultura de su época, de encontrarse insertado y entusiasmado en la colectividad que lo rodea, advertimos de inmediato una primera y significativa diferencia. En este sentido, las posibilidades no se han multiplicado ostensiblemente, ni el círculo de alternativas ha saltado hacia atrás para despejar nuevos caminos, ni se ha nutrido de promesas el ámbito circundante. Ha desaparecido el régimen colonial limitador de esfuerzos culturales, pero ni se ha instaurado el firme apoyo oficial a los propósitos de cultura ni ello ha producido una amplia proliferación de dichos esfuerzos; su Universidad se ha reproducido en varias otras, ha elevado su rango y sigue siendo no desdeñable foco de cultura, pero tampoco puede decirse que esté a la altura de las primeras de su tiempo. Sus medios de comunicación se han hecho más variados y firmes, pero todavía su alimento cultural le sigue llegando de afuera. A su alrededor muchos más de sus compañeros tienen ahora acceso a las fuentes del saber, pero este saber no se ha hecho riguroso ni disciplinado, ni garantiza verdadero y útil conocimiento a la pléyade estudiantil que lo asimila. Y, lo que es peor, no hay grupo de maestros que abran y tonifiquen los apetitos espirituales, ni convicciones ambientales que afirmen la confianza en las virtudes del pueblo en que se mueve. Por el contrario, si afinamos la mirada advertimos que el signo común de la juventud es la defraudación y la desesperanza [1], la tónica ambiental: la autodenigración de los valores patrios.

Ahora sí, anotadas las diferencias entre el hacer y el ser de ambos jóvenes en las dos épocas diversas, podemos levantar la cabeza de la mesa de trabajo y empezar a espigar las conclusiones... No cabe duda que el resultado final del experimento destaca una obvia conclusión. En el campo del obrar, del vivir hacia afuera, de la utilización de la técnica, el progreso de Cuba ha sido magnífico y nos ha situado, decididamente, entre los países mejor acondicionados de la civilización. En la zona del ser, del vivir hacia adentro, de la afirmación personal y colectiva, los logros y realizaciones son mucho más menguados y trabajosos. La Cuba ascensional de la civilización material, no ha encontrado una contrapartida semejante en la Cuba espiritual. En aquélla, la línea de progreso que parte de 1800 se ha erguido en curva cerrada y ascenso vertical; en ésta, la línea se ha levantado con

---

[1] Ni que decir tiene que una juventud propensa a la violencia, dispuesta a saltar siempre sobre el escenario nacional para transformarlo revolucionariamente, es una juventud que ha perdido toda confianza en el hacer normal de la colectividad, en la evolución regular de los acontecimientos. La acción directa es, en el fondo, un producto de la desesperanza, o mejor, si se quiere, de una noble desesperación.

vacilaciones y titubeos y su nivel no es notablemente superior al del comienzo [2].

Ahora bien, el cuadro general presentado se completa aún más si le anotamos marginalmente una observación: El adelanto material de una nación, en el cual nosotros nos hemos distinguido, exige un por ciento más elevado de aportación externa que de esfuerzo interno. Para que los pueblos de una región adquieran ritmo citadino y las desnudas espaldas de la tierra se le cubran con esas cicatrices de concreto que deja el látigo de la civilización: las carreteras, sólo es preciso, en principio, que por alguna causa la industria y el comercio internacional descubran en dicha región algún producto explotable y vayan en su busca. Así es posible que en el espacio de una década, mediante una aplicación intensa de la técnica, una zona del globo tradicionalmente hirsuta y primitiva adquiera un aspecto civilizado y transforme radicalmente su fisonomía, aun antes de que a sus habitantes se les pase el asombro de las nuevas máquinas. Colocar adelantos materiales en una nación, dado el tremendo poder de nuestra mecánica, es tarea relativamente fácil y posiblemente vertiginosa. Con las cuestiones de la cultura, de la política y el espíritu, o aun de la capacidad técnica creadora, ocurre algo muy diferente. Erguir un espíritu sumido en la barbarie, transformar en pueblo culto a una serie de tribus, sentar las bases de una verdadera educación colectiva, eso es tarea necesariamente larga e inevitablemente difícil que exige además una indispensable tensión interior, una tenaz y cotidiana voluntad de asimilación, un continuo y múltiple trabajar de todos los sectores, una lenta asimilación de conocimientos. Y es que la técnica se caracteriza por permitir la utilización de sus resultados aunque se desconozcan los procesos que llevaron a tales resultados —cualquiera puede manejar un *jeep* sin tener la menor noción de los adelantos mecánicos que lo hicieron posible—, mientras que en las cuestiones de la cultura o el espíritu los resultados son ininteligibles para quien no ensaye recorrer el camino que llevó a tales resultados. No podrá entender a Kant, por ejemplo, quien no conozca los senderos de pensamiento que condujeron a Kant, ni podrá valorar eso de la

---

[2] Desde luego que, en términos generales, tal ha sido el curso de la civilización occidental a partir de la revolución industrial y del apogeo de la técnica. Pero no hay que olvidar que nosotros formamos parte de un renuevo de dicha civilización, que nuestra historia corre sobre algunos factores ajenos a los de Europa y que, por tanto, no estamos fatalmente obligados a sufrir los achaques de una civilización cuya etapa de plenitud aún no hemos alcanzado.

libertad de pensamiento quien no haya previamente esclarecido la importancia del pensar [1].

Por eso, se puede industrializar un pueblo en un parpadeo, pero no se le puede hacer recorrer en poco tiempo las vastas jornadas espirituales que produjeron la cultura contemporánea. Llevarlo a tomar plena conciencia de sí mismo y del mundo que lo rodea, depurarle y especializarle los estudios para que pueda no sólo utilizar aparatos, sino producirlos, inculcarle el respeto a las normas éticas y a los conceptos políticos para que la conveniencia se haga plenamente civilizada, eso es faena despaciosa e interminable, preñada de riesgos y dificultades, que exige, como condición indispensable, un enorme esfuerzo de varias generaciones y una previa y paulatina comprensión general de la necesidad de tales esfuerzos. De ahí que el cuadro cubano analizado, con su alto índice de progreso material y su bajo promedio espiritual, sea todavía algo menos alentador de lo que a primera vista parece. Porque es más fácil torcer sobre todos los techos cubanos la antena del televisor, que lograr que bajo esos mismos techos no se cobije nadie que ignore sus responsabilidades y sus derechos como ciudadano, y más factible hacer túneles y obras ostentosas, que alzar la voluntad nacional en torno a proyectos de verdadera superación colectiva o recrear las condiciones espirituales que hicieron posible la generación dorada de Varela y Saco, de José de la Luz y Del Monte.

¿Y cuáles fueron las condiciones necesarias para elevar el nivel colectivo y hacer que afloren las egregias personalidades? ¿Qué clase de abono requiere el humus social para que germinen en él las excelencias?... No vamos a perdernos en la vasta complejidad de esa pregunta, cuya abisal profundidad impone el vértigo. Utilicemos mejor su planteamiento para hacer presa en alguna de las cuestiones concretas que ella ha despejado y que son las que más nos atañen en nuestro análisis, encaminado a precisar nuestra circunstancia actual y el hacer de las generaciones intermedias. ¿Qué condiciones han variado de 1850 a 1950? ¿Qué cosa llenaba el trasfondo del paisaje criollo del siglo pasado y en el nuestro se nos hace presente sólo por su asencia? ¿En qué se diferencian radicalmente las dos juventudes estudiadas? ¡Atención! La intuición, que avanza delante de nosotros husmeando los temas, se ha petrificado indicadoramente delante de éste; tenemos, pues, a la vista, por fin, la más

---

[1] Ya se ha apuntado que una de las causas del azoramiento que la generalidad de la gente siente ante las distorsiones de la pintura contemporánea es, precisamente, la ignorancia del proceso que llevó a tales horizontes. Colocados simplemente ante el término de un camino intelectual que desconocen, sólo les brota la irritación o la burla: dos formas de rebelión ante lo incomprensible.

sustanciosa pieza del contorno, la más grave cuestión de toda la problemática cubana. Porque, en efecto, si escudriñamos atentamente las dos situaciones enfocadas, advertimos, a segunda vista, una honda diversidad imperceptible a la primera. Hay algo sutil, incorpóreo, etéreo, pero de extrema importancia, que marca la diferencia esencial entre las dos épocas, o mejor, entre las dos actitudes juveniles: el ambiente, la atmósfera espiritual que los rodea. Un ambiente esperanzado, positivo, cargado de tensiones en el ochocientos, y un ambiente disociador relajado y negativo en el novecientos [1].

Hacemos contacto, por tanto, con lo que parece ser el fallo principal del proceso histórico y social de Cuba, la quiebra básica de la circunstancia nacional que nos ha sido legada por las generaciones anteriores a la nuestra. Pero ahora empieza a resultarnos evidente que a lo largo de la centuria enfocada se hizo posible la libertad y el progreso de la colectividad criolla, pero, por causas que se hace preciso estudiar, no se logró la instauración de un ambiente apropiado a tal libertad y progreso: Un ambiente sustentador de esfuerzos y convicciones nacionales, propicio a la educación política de la población, con un elevado índice de confianza en nuestro propio hacer. Los cincuenta años de república no han logrado mantener erguidas el puñado de convicciones básicas que hicieron posible la República, no han fortificado el concepto de nación ni robustecido la ética política y social, insuflando en los individuos el respeto y la confianza hacia el país, el sentido de los deberes colectivos. Y esta ausencia de móviles superiores ha determinado una debilidad e infición del ambiente nacional que, generalmente inadvertida en nuestros juicios, corroe y corrompe, paraliza y agota muchos de nuestros mejores y más leales esfuerzos de renovación. En la primera mitad del siglo XIX, frente a las más adversas circunstancias, se desvanecen aquellas creencias sustanciales y el ambiente cubano se satura de cinismo y corrupción, de relajamiento y desconfianza. Con lo cual barruntamos también cuál es, según las premisas establecidas anteriormente, nuestro actual objetivo si queremos cumplir con nuestro deber generacional y aumentar las posibilidades existenciales de las juventudes subsiguientes a la nuestra. Porque si comenzamos a entrever que la falla radica en el clima nacional, que se trata, en suma, de una crisis del ambiente cubano, se nos evidencia que es ahí donde tenemos que aplicar nuestro esfuerzo para clarificar y mejorar las con-

---

[1] El lector se hará cargo, desde luego, de todas las limitaciones que ofrece una comparación de épocas así esquematizada, pero confío en que comprenda que el experimento utilizado es sólo un instrumento para clarificar una tesis, no una tesis rigurosa.

diciones de vida y las posibilidades de nuestros descendientes.

Pero antes de analizar la crisis de nuestro ambiente y buscarle las causas, es conveniente que entendamos un poco mejor la esencia y la trascendencia del fenómeno ambiental.

INDAGACIÓN DEL AMBIENTE

Cualquiera que haya ensayado alguna vez la manipulación de conceptos, con intención rigorosa, procurando utilizar aquéllos que se pliegan lo más exactamente posible a la idea que queremos expresar, sabe los sobresaltos que producen su indeterminación y vaguedad. Cuando hundimos la mano en nuestro vocabulario y atrapamos una palabra cualquiera, la más manida y trivial, y queremos desentrañarle el significado esencial, la idea que transporta en su vientre, nos sorprendemos de lo difícil que resulta la tarea, de lo arduo que suele ser encontrar el rasgo definitorio. Usualmente empleamos los vocablos sin precisión ni rigor, apuntando a bulto, sabiendo que nuestro interlocutor no va a parar mientes en la estrictez de las palabras, sino en el rumbo general de la conversación. De ahí que, como los guías del tráfico, no cesemos de hacer señas y gestos mientras hablamos para indicar la dirección de lo que estamos diciendo. En nuestro caso, sin embargo, montados como estamos en una empresa de análisis, es preciso escamondar los conceptos para ofrecerlos con la mayor limpidez posible. Y como decimos que la cuestión del ambiente es la más sustanciosa pieza de toda la problemática cubana, se impone un previo examen de la materia a que nos estamos refiriendo... ¿Qué es eso del ambiente? ¿Qué queremos decir cuando hablamos de que tal teoría, persona o movimiento, no tiene "ambiente" entre nosotros, que fracasó porque tenía un "ambiente" hostil? ¿A qué peculiaridad nos referimos cuando apuntamos que tal o cual lugar tiene un "ambiente" agradable, o cuando, como en nuestro caso, señalamos una variación peligrosa entre el "ambiente" cubano del siglo pasado y el "ambiente" de nuestro siglo?

La vieja y útil llave etimológica nos permite una primera ojeada al interior del concepto. "Ambiente", del latín "*ambiere*", rodear, cercar (de donde también "ambición", el férreo cerco que le pone nuestra voluntad a un objetivo). Anotamos, por tanto, que el ambiente es siempre, y por esencia, pura exterioridad, contorno, algo ajeno a mi intimidad que me rodea y circunda como la atmósfera. La segunda nota definitoria nos la brinda la comunidad de sentido que encontramos entre las múltiples acepciones de la palabra: el ambiente se refiere siempre a algo exterior, pero algo vago, indefinido, inconcreto, que flota en torno a las cosas y que no se asienta en este o aquel detalle, sino que, precisamente, emana del conjunto de detalles y perfila la totalidad. Por ello suele escapársenos si lo buscamos en una nota aislada, si escudriñamos un fragmento; su presencia, como la belleza del paisaje, sólo se patentiza en una perspectiva total. Cuando hablamos del ambiente nos referimos, pues, al efluvio que brota de un conjunto de cosas y que le proporciona al conjunto una cierta fisonomía peculiar.

Este efluvio adquiere en el terreno histórico contornos algo más definidos: mencionar el "ambiente" de una edad es aludir a la suma de convicciones totales de una época, a la atmósfera de creencias y opiniones que flota en torno a las sociedades y los grupos en un determinado momento y que matiza peculiarmente ese momento. Cada época tiene su ambiente característico, o mejor, son las variaciones del ambiente las que caracterizan la diversidad de épocas. No es, por ejemplo, que el Renacimiento haya surgido como un espacio histórico con un ambiente determinado, sino todo lo contrario, las variaciones radicales del ambiente europeo en los siglos XV y XVI, la emersión de un nuevo repertorio de creencias vitales, fue lo que determinó el nacimiento de una nueva época a la que se ha dado en llamar, con muy poca justeza por cierto, el Renacimiento. Y aquí comprobamos una vez más la insólita y peculiar fluidez del fenómeno ambiental. Porque si pretendemos encontrar en cada uno de los hombres fastiales del Renacimiento las notas esenciales que caracterizan la época, advertimos que se nos esfuman, en cambio, apenas insertamos al individuo en el halo general de su tiempo, esas notas se nos hacen plenamente patentes. De ahí la sorpresa, por lo demás muy injustificada, de Ernst Walser, el acucioso investigador del Renacimiento, "si se pretende considerar con un procedimiento juramente inductivo la vida y el pensamiento de las figuras directoras del Quatroccento, como por ejemplo, de Saluto Coccio, de Poggio Bracciolini, de Leonardo Bruni, de Lorenzo Valla, de Lorenzo el Magnífico o de Luigi Pulci, se obtiene regularmente este resultado: los caracteres tradicionalmente establecidos —cosa singularmente extraña— no convienen de ninguna manera a los personajes estudiados. Pero si, en cambio, se intenta comprender esos caracteres en su estrecha conexión con el curso de la vida de dichos hombres, *y, sobre todo, partiendo del amplio torrente de la vida de toda la época, la fisonomía que cobran es totalmente distinta.* Y si se reúnen los resultados obtenidos por la investigación inductiva, va erigiéndose poco a poco una nueva imagen del Renacimiento"[1].

De donde se infiere que la comparación de épocas cuba-

---

[1] Véase Ernst Cassirer, *Individuo y cosmos en la filosofía del Renacimiento*, Buenos Aires, 1951, pág. 18.

nas que hemos señalado, así como todo ensayo de comprender los hombres y los hechos del pasado, tiene que partir de una inmersión en ese amplio torrente de la vida de toda la época para empaparnos de sus ideas y condiciones, es decir, de su ambiente. Sólo así podremos emerger en algún escenario histórico y situar nuestros ojos a su mismo nivel. Es una tarea delicada y sobremanera sutil ésta de repensar y recrear las condiciones espirituales y físicas en que se movieron las individualidades de ayer, pero si las soslayamos caeremos en la pendiente fácil e injusta de asentarnos tranquilamente sobre nuestras convicciones actuales para juzgar el pasado en razón del presente. Así es muy fácil pontificar y decidir sobre gestos y actitudes pretéritas, señalando y condenando acciones que sólo ahora, y gracias a la perspectiva posterior, aparecen evidentemente erróneas. Ya Huizinga, en su maravilloso libro "El otoño en la Edad Media", que tan cálidamente nos ha hecho sentir el hálito del medioevo, señalaba la peligrosidad de analizar las manifestaciones de la época sin contar con el ambiente donde se produjeron, juzgando, por ejemplo, el tremendo efecto de los predicadores sobre los pueblos medioevales mediante la lectura de los sermones archivados en las bibliotecas: inanimados cadáveres de palabras ardientes que disparadas en otra atmósfera espiritual hicieron vibrar a las multitudes. Y es que, como con plena razón dice Cristopher Dawson, "no es dable comprender el pasado sin estudiar las cosas en que los hombres del pasado habían colocado su ilusión" [2]. Lo cual no implica, como a primera vista pudiera parecer, menosprecio o desvalorización de otros factores humanos de innegable trascendencia como son, por ejemplo, las relaciones económicas, a las cuales el materialismo histórico alza a la categoría fundamental y determinante del acontecer. No, las convicciones económicas y comerciales forman parte del ambiente epocal y coadyuvan en gran medida a explicar una multiplicidad de fenómenos; pero se trata de destacar, más que la mera relación entre los instrumentos de producción y las formas sociales, las creencias y teorías que rigen y sustentan los movimientos económicos del momento. Así es evidente que el mercantilismo y toda su secuela de proyecciones políticas y comerciales no puede ser perfectamente comprendido si no se toma en consideración la cada vez más arraigada y básica creencia, en la época, de que los únicos bienes que verdaderamente constituían la riqueza de las naciones eran el oro y los metales preciosos. En tal forma, la ilusión de la riqueza y la forma en que se creía posible alcanzarla, tórnase también en clave del tiempo y signo diferenciador de las edades.

Y es que debajo de todo esto del ambiente, sumándole una

---

[2] Cristopher Dawson, *Los orígenes de Europa*, Madrid, 1945, pág. 7.

mayor importancia, late un dato de magna importancia que no ha sido, a mi juicio, suficientemente valorado aún, a pesar de que su olvido enturbia y desvía la indagación del pretérito. Ello es: que lo que más nos separa de los hombres del pasado no es, esencialmente, lo más obvio y superficial, es decir, el adelanto técnico, el nivel científico, sino lo más sustancioso y radical, lo que está debajo de la técnica: el conjunto de creencias. La distancia entre un hombre de Roma y un contemporáneo no la marca la diferencia que hay entre la cuadriga y el avión de propulsión a chorro, sino la visión tan radicalmente diferente que el mismo paisaje ofrece a los ojos del auriga y del piloto. De ahí que sea más fácil imaginarnos viviendo en cualquier época de la historia, prescindiendo de todos nuestros actuales instrumentos, que compartiendo las creencias de esa época. Cualquier hombre contemporáneo puede hastiarse de nuestra atronadora civilización e ir a refugiarse en alguna de las escasas selvas que aún sobreviven para insertar su existencia en la de alguna colectividad primitiva. Allí vivirá en condiciones parecidas a las de los antiguos helenos e imitará el rudo existir pretécnico de sus compañeros de tribu. Podrá cubrirse con un taparrabo, y dormir en la húmeda tierra, y compartir en cuclillas, junto a la hoguera, la escasa pitanza. Pero lo que no le será posible compartir serán sus toscas creencias y retroceder en espíritu para mirar el contorno con ojos primitivos, como algo poblado de dioses misteriosos, y estremecerse de temor ante el trueno o resignarse ante la enfermedad como ante un castigo del brujo. La forma en que ha aprendido a racionalizar el Universo le es ya consustancial e irremplazable y de ella no puede desprenderse; educado en un determinado ambiente técnico y espiritual, puede liberarse de uno, como se despoja de las ropas, pero el otro es, definitivamente, parte de sí mismo.

Son estas condiciones ambientales, y de ahí su soberana importancia, las creencias religiosas, los ideales políticos, las valoraciones económicas, la actitud frente al sexo, es ese sutil clima intelectual, predominante en una época, o en una nación, el que en mayor medida frena o estimula, alimenta o asfixia los esfuerzos individuales; porque también las voluntades, como las plantas, necesitan del oxígeno ambiental para transmutarlo en acción [1]. Hay veces, desde luego, que una

---

[1] Tan poderosa es la fuerza de la atmósfera espiritual en la que nos movemos, la presión circundante del ámbito de opiniones y creencias que nos rodea, que su influjo se nota aun en las torcidas y anormales manifestaciones de nuestra voluntad. Así, Karl Jasper, en su obra clásica y roturadora, *Psicopatología general*, dice: «El ambiente espiritual, las concepciones y valoraciones dominantes, tienen la importancia de haber engendrado ciertas anormalidades psíquicas y no haber dejado desarrollarse otras» (*op. cit.*, Buenos Aires, 1955, sexta edición, pág. 835).

mentalidad señera, superando las condiciones ambientales, se lanza hacia arriba, certera y sola, en genial apresamiento de verdades. Pero en tal caso, como no hay comprensión colectiva, ni el esfuerzo se paraleliza al conjunto, la teoría o la idea queda ahí como una nota discordante, aislada e incomprendida, sin incorporarse a la colectividad que avanza; hasta que alguna variación en la sensibilidad de los tiempos la haga reconocible y aceptable a los oídos del grupo... entonces y sólo entonces la idea se difundirá en el ambiente y se multiplicará fecunda. Valga una vez más el clásico ejemplo de Heráclito, cuya prematura teoría del flujo y la movilidad del ser, lanzada en un ambiente dominado por la concepción de la constancia y solidez del ser, quedó solitaria y en embrión hasta que el Romanticismo del siglo diecinueve la redescubrió y puso de nuevo en movimiento... Hay otras veces en que, por el contrario, es el propio ambiente el que está planteando la necesidad de una teoría. Por todas partes las ideas y creencias parecen converger en forma difusa hacia una conclusión determinada que no acaba de concretarse, proliferan los atisbos, las intuiciones, los tanteos, pero no se acoplan en forma orgánica y definitiva. Al fin, alguna inteligencia metódica recoge y funde en un solo cuerpo doctrinal todas las ideas truncas, elabora y completa la teoría y la inserta en el hueco que el ambiente había formado para ella. En tales casos, la difusión y la popularidad suelen ser inmediatas e incontrastables. Primero una minoría alerta y luego toda la época se entusiasma ante el hombre que ha sabido expresar lo que todos sentían confusamente y que les proporciona el instrumento mental que echaban de menos: el positivismo y la teoría de Darwin son claros ejemplos de este último caso [1].

Dentro de este general ambiente histórico, suma de convicciones básicas de una época, se encuentran, sufriendo su influencia y al propio tiempo enfrentándosele, las ideas y creencias particulares de los grupos humanos, el ambiente de cada nación, formado por el montaje de opiniones fundamentales de una determinada colectividad y que comprende tanto las ideas religiosas dominantes en el pueblo, como las tradiciones patrias, los enjuiciamientos raciales, las convicciones clasistas y las fuerzas misteriosas de los instintos sociales. Así, en lo que se refiere al ambiente, cada individuo se encuentra inmerso en una doble corriente ideológica: una, más amplia y difusa, que le presenta el tiempo en que vive, y otra, más ceñida a su intimidad, que le ofrece la sociedad

---

[1] El hecho de que otro investigador, Alfred Russel Wallace, concibiera la teoría de Darwin independientemente y antes de que éste la publicara, prueba cómo el principio de selección natural estaba ya en el ambiente científico de la época.

que lo circunda. Esta duple corriente origina, al encontrarse, una perenne situación conflictiva, porque el ambiente de la época influye y penetra en las naciones y tiende a modificar su fisonomía espiritual, pero, a su vez, dentro de cada nación hay siempre determinados principios y credos que se inclinan a afirmarse y resistir a la influencia de la época.

A veces esta doble perspectiva coincide en un solo enfoque y una determinada nación se siente plenamente identificada con su tiempo, abriendo los senderos del futuro, y entonces el ritmo colectivo de ese pueblo y de cada uno de sus miembros se hace pujante y orgulloso, se extiende por todos los ámbitos nacionales la conciencia de una magna empresa común forjadora de historia, y se habla de Destinos Manifiestos o de naciones providenciales. Tal la Inglaterra rebosante de la época victoriana, los Estados Unidos de principio de siglo o la Francia revolucionaria. Otras veces, los hijos de una nación perciben la distancia que hay entre las urgencias del minuto histórico y las convicciones generales de su sociedad, la diversa densidad entre el ambiente nacional y el de la época, y su lucha se hace agónica o desesperanzada para salvar el desajuste. En el terreno de la cultura ello se traduce muchas veces en la aparición de movimientos vanguardistas, de ismos y reformadores, saltos con que una minoría intenta prenderse a la corriente general del tiempo. En lo político ese mismo esfuerzo suele determinar fricciones profundas entre el grupo que lucha porque la nación abra sus poros al ambiente renovador y las mayorías inertes o las minorías usufructuarias que tienden a aferrarse a lo tradicional y a cerrarse a todos los efluvios de la época. "El problema íntimo de la España ochocentista —dice agudamente P. Laín Entralgo— es la irreductible discrepancia entre unos ardorosos tradicionalistas que no saben ser actuales, y unos progresistas fervientes que no aciertan a hacerse españoles. Los españoles acordes con la historia de España no aciertan a vivir en su tiempo; los que pretenden vivir en su tiempo no saben afirmar la ambición ni la historia de España"[1]. Anotemos de pasada que esta irreductible discrepancia entre el ambiente hispánico y el ambiente epocal, es decir, entre los que quieren poner a España de acuerdo con los tiempos, que son siempre los menos, y los que quieren regular el tiempo de acuerdo con España, que son siempre los más, ha sido un viejo y trágico antagonismo que viene escindiendo el pensamiento español desde la época de Feijóo hasta la de Ortega y Gasset[2].

---

[1] Pedro Laín Entralgo, *España como problema*, Madrid, 1956, tomo II, página 88.
[2] Para valorar la certeza del juicio de P. Laín Entralgo y remontarlo más allá del siglo XIX, basta recordar las palabras de Feijóo, aquel

EL AMBIENTE EN CUBA

Henos aquí, pues, tras breve despejo de la existencia y trascendencia del fenómeno ambiental en su doble perspectiva de época y nación, con un dato alarmante en la mano, producto y resultado de un experimento sobre la historia de nuestro país y de una somera comparación de épocas: el enrarecimiento del ambiente cubano, el tragamiento de la atmósfera espiritual de la nación. Pero ahora sí nos es posible advertir toda la magna importancia del dato, toda la general problemática que late y rebulle bajo su planteamiento. Su mera interposición como lente entre nuestro ojo y la cuestión cubana, nos ofrece una perspectiva radicalmente diferente a la que suele aparecer cuando enfocamos las graves cuestiones nacionales. Frente a él no cabe esbozar soluciones parciales o fórmulas fragmentarias, ni doblarse sobre un apartijo y señalar que el problema fundamental de Cuba es la deshonestidad política o el monocultivo, el desnivel económico o el analfabetismo. No; al hablar de crisis del ambiente, nos abrimos a algo más sustancial y profundo, a algo que, como la luz, todo lo envuelve: a una depresión profunda de la suma de convicciones nacionales que forman nuestro ambiente y que deben mover tanto al político como al obrero, al hacendado como al maestro, al militar y al estudiante; a una ausencia de móviles superiores, de creencias comunes, que los aúne e identifique como miembros de una misma colectividad, que los discipline y congregue en una empresa común. Y mientras no partamos de una clara noción de la índole general y amplia del problema, mientras no comprendamos que el mal, como climático y espacial, no se limita a los hombres de nuestra política, sino a toda nuestra política de hacer hombres, a nuestra desastrada manera de

---

monje egregio crucificado entre el ambiente de España y el de la época, que sintió como nadie el atraso en que iba quedando su nación. Al comparar la lengua castellana y la francesa, Feijóo hace este comentario inicial, claro indicio de la ya existente dualidad de perspectiva de los españoles: «Dos extremos, entrambos reprehensibles, noto en nuestros españoles, en orden a las cosas nacionales: unos las engrandecen hasta el cielo; otros las abaten hasta el abismo. Aquéllos que ni con el trato de los extranjeros, ni con la lectura de los libros espaciaron su espíritu fuera del recinto de su patria, juzgan que cuanto hay de bueno en el mundo está encerrado en ella..., dicen que cuanto hay bueno y digno de ser leído se halla escrito en los dos idiomas latino y castellano, que los libros extranjeros, especialmente los franceses, no traen de nuevo sino bagatelas y futilidades... Por el contrario, los que han peregrinado por las cosas de otras naciones miran con admiración; las de la nuestra, con desdén» (Fray Benito Jerónimo Feijóo, *Españoles americanos y otros ensayos*, Buenos Aires, 1944, pág. 26). Dos centurias más tarde, a la voz incitante de Ortega, que preconizaba la europeización de España, respondió, con hondos acentos hispánicos, la grave y orgullosa de Unamuno para sostener que lo necesario era nada más y nada menos que «españolizar a Europa».

forjar el material humano que ha de ocupar los alvéolos de la nación, han de sernos vanos los gestos truncos y los esfuerzos descabales. Porque cuando la humedad atmosférica deteriora el buen funcionamiento de una máquina, es inútil tratar de repararla cambiando las piezas dañadas por otras nuevas que inevitablemente han de sufrir la misma perniciosa influencia. Lo único eficaz en tales casos es variar las condiciones atmosféricas del lugar y suprimir así, radicalmente, la causa determinante del deterioro. De ahí que empezáramos por afirmar que la mera enunciación de una crisis en el ambiente cubano nos dibujaba ya en nuestro horizonte generacional el perfil del verdadero enemigo, el objetivo central de nuestro esfuerzo.

Afinquemos, pues, el análisis y retomemos nuestra premisa inicial: la existencia de una variación radical en el ambiente cubano del siglo pasado al actual, para desdoblarla en los dos aspectos que más estudio ameritan: primero, la índole del cambio; segundo, la peligrosidad del mismo. Porque es evidente que siendo el ambiente de una nación la suma y compendio de sus creencias, ideas y opiniones, y que esta suma comprende, por tanto, toda la escala de convicciones sociales, desde las más exteriores y superficiales, como las relativas al vestuario o a la forma de saludarse, hasta las más sustanciales y profundas, como la fe religiosa o la actitud frente al sexo, es natural que tal amasijo ideológico esté en constante evolución, en perpetua sujeción a la erosiva influencia del tiempo. Ya señalamos anteriormente la situación conflictiva que se crea al entrar en contacto esta erosiva influencia del tiempo con el ambiente de un grupo nacional y que obliga a las naciones a generarse de tiempo en tiempo, como los reptiles, una nueva piel ideológica más ajustada a la nueva situación. La variación en tales casos, lejos de ser síntoma de alarma, es, las más de las veces, prueba de vitalidad y rejuvenecimiento, muestra de que el ambiente nacional está abierto al ambiente de la época... ¿Qué hay entonces de peligroso en el proceso cubano de una centuria? ¿Por qué una transformación que suele ser natural, ofrece un cariz riesgoso?... Para contestar estas preguntas es preciso indagar cuáles han sido, en nuestro caso, las creencias que se han desvanecido a lo largo del siglo y por cuáles han sido sustituidas. Porque si ellas se refieren exclusivamente a la parte superficial de nuestra sociedad, a las convicciones periféricas y, por lo mismo, más sometidas a la influencia del ambiente general del tiempo, como las ideas estéticas o los usos sociales, entonces nada hay que pueda sobresaltarnos. Si, por el contrario, la evolución ha tocado y destruido sustratos profundos de la colectividad, creencias básicas y radicales que tipifican esencialmente a la nación y que suelen estar menos sujetas a la acción del tiempo, entonces sí tenemos motivos de inquietud y desasosiego. Si se dice que Cuba está haciéndose mahometana, o que el credo democrático ha perdido su vigencia, o que los cubanos ya no creen en la libertad de Cuba, las palabras tórnanse agujas indicadoras de graves y radicales cambios en la fisonomía colectiva e imponen amplio y detenido estudio.

Porque en toda nación, en todo grupo humano, formando parte de su ambiente, hay un puñado de convicciones estructurales, básicas, que sostienen y soportan todo el andamiaje social y enlazan los múltiples intereses de la comunidad. Estas creencias radicales, que raramente afloran a la polémica diaria, porque son por todos compartidas y se da por sentado su vigencia, hacen posible las formas de la convivencia y determinan, en gran medida, el carácter peculiar de los pueblos. Y como existen y radican en las capas más profundas del organismo social, se modifican muy despaciosamente y tienden a persistir durante largo tiempo. Cualquier aceleración o crisis en su existencia desorganiza o pone en peligro todo el metabolismo del grupo y trastorna profundamente las proyecciones internas y externas de la comunidad [1]. Esta tenacidad y persistencia convictiva de las profundidades hace posible que cuando un observador agudo acierta a ver la íntima trabazón de creencias esenciales que caracteriza un pueblo, su descripción del carácter de tal pueblo mantiene su vigencia durante largo tiempo. Así el análisis del temperamento inglés trazado por Emerson en sus *"English Traits"*, igual que algunos esbozos caracteriológicos dibujados sobre Francia y Alemania en el siglo pasado, siguen teniendo una amplia validez una centuria más tarde. Y es que, para quebradero de los que quieren crear una Europa federal, las creencias básicas de los grupos nacionales europeos ha variado muy poco. Aun en los Estados Unidos, el país más sometido a la vertiginosidad de los cambios y las transformaciones, el profesor Henry

---

[1] Ortega ha demostrado, en uno de sus más brillantes estudios, que toda la convulsión de Roma en la época de César se debía, precisamente, a la pérdida de una convicción común y general de los romanos, a la desaparición de una de estas unanimidades básicas: la de cómo debía mandarse en Roma. Bien claro advertía Cicerón que el problema era gravísimo, puesto que no se trataba, como antes, de una lucha de partidos para llegar al poder mediante fórmulas y sistemas por todos respetados y aceptados, no; lo crítico era que ya no existía ese fondo común de aceptación, esa concordia en cuanto al camino y al sistema de gobierno; la discordia surgía sangrienta y reiterada porque lo que había entrado en crisis era la fe en la república misma, en la forma política que hasta ese momento había encauzado el forcejeo por el poder. Y la pérdida de esa confianza radical en la nueva fórmula republicana, disparaba las ambiciones y apuntaba hacia un nuevo expediente político: el gobierno personal, el Imperio. Véase «La historia como sistema y del Imperio romano», *Obras completas*, tomo VI, pág. 13.

Steele Commanger, de la Universidad de Columbia, en un reciente estudio sobre la evolución de los rasgos espirituales del pueblo norteamericano, llega a la conclusión de que el carácter americano delineado hace más de un siglo por Tocqueville, y luego por Bryce y Broyon, continúa siendo, en esencia, el mismo. Al entrar en la década del cincuenta, el norteamericano seguía asentando su visión de las cosas en las mismas básicas y radicales confianzas de una centuria atrás: *"The American was still optimistic, still took for granted that his was the most favoured of all countries, the happiest and most virtuous of all societies... the persistence of fundamental philosophical beliefs and assumptions was as tenacious as that of practices habits and attitudes"* [1].

Pues bien, nosotros sostenemos que toda la peligrosidad del proceso cubano estriba en que en nuestro país no se ha dado esa saludable persistencia de convicciones sustanciales; que en la evolución cubana desaparecieron o no se llegaron a afirmar suficientemente algunas de las creencias básicas y radicales que animaron a los grupos roturadores de nuestra nación y que lo que apuntalaba y definía el ambiente cubano que propició nuestra independencia ha quedado trunco o se ha derrumbado con posterioridad. Todavía más, que de esa debilidad estructural nacen todos o casi todos nuestros estremecimientos sociales y nuestra inseguridad colectiva. Porque el vacío dejado por la ausencia de esos asensos colectivos, sustentadores de toda ética social, se ha ido colmando con una serie de pequeñas convicciones negativas, flacas, que han expandido en nuestra atmósfera un desasimiento de las cosas nacionales, un descreimiento general en nuestras propias condiciones y posibilidades, que hacen posible todas las claudicaciones, todas las deserciones frente a los deberes comunales. Las sucesivas hornadas juveniles que se derraman sobre el escenario cubano se inficionan inicialmente con ese ambiente deletéreo que los induce a creer o mejor a descreer en las cosas de Cuba y les debilita el ánimo generoso o la intención renovadora. De ahí que a medida que van ocupando las posiciones claves de la armazón nacional, horros como llegan de vertebrales convicciones éticas, de firmes asideros ideológicos, son frágiles cañas frente al estímulo inmediato de su interés personal que los doblega al aprovechamiento desmedido de su posición. Así falla la pieza

---

[1] Henry Steele Commanger, *The American Mind*, Yale University Press, 1954, pág. 409: «El americano aún era optimista, aún daba por garantizado que el suyo era el más favorecido de todos los países, la más feliz y virtuosa de todas las sociedades... La persistencia de creencias filosóficas fundamentales era tan tenaz como la de las prácticas, hábitos y actitudes».

humana dondequiera que se la coloque, en la dirigencia sindical, en la cátedra, en el puesto público o en la administración de justicia. Y lo peor es que cada fallo aumenta el daño y contribuye a convencernos de que en Cuba todo está corrompido o, más aún, que el cubano es un ente social peculiar e insólito, condenado congénitamente a la deshonestidad y al relajamiento.

COMPROBACIÓN PREVIA

Para comprobar este grave aserto sobre la índole de la evolución espiritual de Cuba, nada mejor que estudiar algunas de las ideas básicas de la minoría que empezó a forjar nuestra nacionalidad y ver cómo han llegado hasta nosotros, cómo han sobrevivido o, mejor, si han sobrevivido en nuestro ambiente.

Y, sin embargo, antes de sumirnos en esa contraposición de épocas, en esa comparación radiográfica de estructuras espirituales que ha de convalidar nuestro juicio, nos asalta un cierto anhelo de seguridad, un vago deseo de comprobar previamente la realidad de lo que estamos diciendo. Y es que al referirnos a una crisis del ambiente cubano estamos bordeando un tema de tal peligrosidad y haciendo afirmaciones tan cargadas de riesgo que nos es preciso detenernos para brindarles una mínima cobertura probatoria que sustenta la continuidad del análisis.

¿Cómo podremos tener una prueba que justifique la gravedad de nuestra prognosis, la existencia de esa crisis del ambiente nacional a que nos venimos refiriendo? A la manera de los cirujanos, antes de abrir el tema y llegarle a las entrañas, podemos hacerle una punción inicial que nos permita constatar la existencia del mal. Y para ello, para disponer de un juicio primario sobre el signo positivo o negativo del ambiente de un grupo, nada mejor que indagar inicialmente por el concepto de estimación que la nación le merece a los miembros que la componen. Porque si la mayoría de los integrantes de un pueblo tienen en alta estima los valores de ese pueblo y se sienten orgullosamente identificados con los destinos nacionales, no hay duda de que tendremos un indicio valiosísimo de salud colectiva. Esa nación aparecerá a los ojos de sus hijos como algo superior a ellos mismos, como un todo al cual están ceñidos voluntariamente y que justifica el deber cotidiano y el heroísmo ocasional. Como se empieza por aceptar y temer la opinión de los conciudadanos, y se respetan y acatan de buen grado las normas y dictados de una sociedad a la cual importa pertenecer, resulta que cada individuo, porque tiene en mucho su condición de ciudadano y miembro de la colectividad, cuida y mantiene dentro de su mínima órbita las proyecciones que le brinda la nación y resiste y rechaza todo intento de violación de las mismas.

Por el contrario, si la manera de juzgar a la sociedad circundante es peyorativa o desdeñosa, si por cualquier causa los individuos o los grupos se sienten ajenos, cuando no superiores, a la nación que los sustenta, entonces todo este mecanismo invisible de rectitud y obediencia se trastoca: la colectividad deja de ser algo que se respete y estime y aparece únicamente como patrimonio inferior del cual es lícito medrar sin consideración ni medida. En tales casos no hay noción de deberes nacionales u obligaciones colectivas, se aflojan los frenos grupales y se enervan los posibles reproches de un conglomerado social que no nos merece mucho crédito. Del horizonte de las motivaciones desaparece o conserva vagarosa existencia el concepto superior de la nación y adquieren inusitada fuerza estímulos más concretos y personales: el propio bienestar y el de los familiares próximos o, en determinados casos, las consignas clasistas. Todo lo demás, los intereses patrios, la dignidad ciudadana, es zarandaja vacía, vocabulario inerte de gacetilla idealista, humo retórico de ambiciones disimuladas. Así se insensibilizan poco a poco los individuos frente a los daños que se le infieren a la nación y van perdiendo eficacia los castigos colectivos, las sanciones sociales, golpes de martillo con que la sociedad endereza y mantiene su jerarquía de valores, y no implica rebaja o merma de prestigio la violación de las normas colectivas (y es que se empieza por no respetar a la sociedad de donde emanan tales normas). Nadie se siente llamado a guardar las disposiciones generales, trátese de no pisar el césped del parque, del turno en las oficinas públicas o de las leyes estatales. Se sabe que esas disposiciones están ahí, pero emanan de una entidad abstracta que no reconocemos como nuestra y que, desde luego, nos consideramos con derecho a menospreciar. Se tiene la conciencia, y eso sirve de aliento, que todos los demás miembros, inarticulados como nosotros, están prestos a hacer lo mismo, y como creemos conocer el estado de conciencia del prójimo y presumimos en él la misma negativa actitud, se nos hace insoportable, como insincero y falso, el gesto de crítica o la actitud de condena. El que eleva su voz contra la corriente está en *pose* de apóstol, es decir, no es más que apariencia, postura, ficción encaminada a obtener algún provecho; a través del andrajo idealista, nuestro ojo malicioso le adivina las intenciones malignas y las ambiciones ocultas. La figura rectilínea, desinteresada, sincera, rompe totalmente la visión rebajada que tenemos del pueblo circundante, y como nos negamos a aceptar su veracidad la rondamos y le damos vuelta buscándole el lado flaco, la debilidad pecaminosa que nos la haga criolla y reconocible, hermano y semejante. Sólo nos tranquiliza y es común la indisciplina frente a la comunidad.

Ahora bien, ha bastado la mera enunciación de la pregunta para que la respuesta salte por sí misma. Porque obvia e indiscutiblemente en Cuba se da ese típico fenómeno de desarticulación colectiva, existe esa quiebra de conceptos solidarios, generadora de irrespetuosidad e indisciplina frente a las normas que emanan o pretenden emanar de la comunidad. Con lo cual tenemos ya un primer rasgo ambiental que nos muestra un deterioro, un resquebrajamiento interior hondamente significativo, que basta por sí solo para justificar en principio nuestro diagnóstico de gravedad, la existencia de una crisis en el ambiente nacional.

Podemos, pues, iniciar el análisis comparativo de las dos épocas estudiadas con la tranquilidad, o mejor, con la certeza de que tenemos razón para intranquilizarnos. Hagamos un rápido examen de las principales motivaciones de la minoría criolla de principios del siglo XIX y veamos después su supervivencia en nuestra época.

LA EVOLUCIÓN
DE ALGUNAS CREENCIAS RADICALES

La labor de nuestras élites más avisadas y alertas en la primera mitad del siglo pasado fue el desplegar frente a la colectividad adormecida, haciéndolos mayoritarios, los ideales que ellos habían previamente vislumbrado. Erguida desde hacía unas décadas la conciencia criolla, el cuadro del país que le había ofrecido la primera ojeada reflexiva le planteaba graves e inmediatas urgencias: y lo primero era golpear el contorno para extender por todas las capas la resonancia del problema. Esta labor ilustrativa con que apasionadamente se proyectaban sobre la comunidad, se afincaba en dos radicales creencias, en una fe ingente y duple: la fe en el saber y la cultura como vehículo de liberación espiritual, y la confianza en las virtudes del pueblo cubano, cuya conciencia estaban comenzando a erguir. La tremenda ignorancia reinante, el atraso colectivo, eran, a juicio de una cabeza pensante de la época, el principal enemigo a vencer para lograr la felicidad del país; el segundo era España, el régimen colonial retrógrado y oprobioso que contenía y limitaba la fuerza expansiva del patriciado criollo. Reducido a sus últimos extremos, era simple el problema y clara la solución: generalizada la cultura, conscientes los cubanos de su propio valer, y rotos los frenos políticos, la Isla entraría en el pleno disfrute de toda su capacidad creadora. La primera convicción, hija legítima del intelectualismo francés, era más general y evidente por menos peligrosa; la segunda, nacida del abismo cada vez más perceptible entre las necesidades del País y la política de la Metrópoli, andaba confusa y difusa en todas las cabezas criollas y utilizaba mil vericuetos para salir a la luz pública, cargada cada vez más de suspicacia.

Es por ello que para esta generación la superación personal, el propio aprendizaje, no fuera mero recreo intelectual, deleite íntimo de férvidas almas, sino instrumento de lucha, deber de cruzado, faena de magno interés colectivo. No ha habido entre nosotros grupo generacional que más solidariamente se apoye en el empujón a la época, que más animosamente se sienta enlazado en una empresa común. Se les ve doblarse unánimemente sobre las ideas, con la fecunda tenacidad del sembrador sobre el arado, haciendo hondo surco en la conciencia colectiva y tensando la mirada hacia la cosecha deslumbrante de futuro: la patria emancipada. Los rasgos definitorios de esa minoría histórica, que le dan un perfil vibrante y único, son el entusiasmo, el aliento generoso, la voluntad de cambiar la circunstancia colonial volcando sobre los demás el propio conocimiento. Lo importante era prepararse, instruirse, saber cada vez más, pero saber para hacer patria, tender a la ciencia para extender la conciencia, alcanzar la libertad de aprender para con ella aprender a ser libres. Con motivo de su proyecto sobre el Ateneo, le escribe José de la Luz y Caballero a su amigo José L. Alfonso: "Todo el mundo está muy entusiasmado. Yo paso todos mis libros al Ateneo, que con los de mi amigo Casas son más de 4.000 volúmenes escogidos. Conque venga usted pronto, mi don Pepe, y traiga libros y cuadros y piedras y lavas y cuanto Dios crió, para nuestro Ateneo. *He aquí nuestra divisa: Reunámonos, instruyámonos, mejorémonos, ¡tengamos Patria, tengamos Patria*"![1].

Así, en torno a esta apetencia cada vez más sentida de tener Patria, se fue tensando el espíritu cubano y poblándose el ambiente de aspiraciones colectivas cada vez más radicales. España, que adivinó bien pronto el núcleo intelectual de donde germinaba la rebeldía, intentó en vano quebrar ese espíritu trabando cada vez más la difusión de las ideas. Al final, la acción preparada y alimentada por el pensamiento concretó sus esfuerzos y España fue vencida. Al doblar el siglo, el ideal, cuya grupa apenas si habían podido acariciar aquellos hombres, había sido alcanzado y encerrado en el cerco de las realizaciones: Cuba se desembarazaba del colonialismo político. Aquella fe duple y erguida que es-

---

[1] José de la Luz y Caballero, *De la vida íntima. Epistolarios y diarios*, Editorial de la Universidad de La Habana, 1945, pág. 194.

tructuraba el hacer de la generación fundadora había servido de firme pilar para la construcción de una nación.

Era de esperarse que, siguiendo una tendencia natural y casi biológica, aquellas radicales creencias cubanas, fautoras en lo profundo del éxito alcanzado, se afirmaran al romperse la costra colonial, como se afirma y hunde la vigorosa raíz apenas la planta asoma su verdor por sobre los surcos de tierra... Era de esperarse, siempre que los términos del proceso hubieran sido tan simples y esquemáticos y no hubieran estado actuando en él una multiplicidad de fuerzas, capaces de agostar la cosecha. Pero lo cierto es que, por causas que luego más detenidamente estudiaremos, un examen de nuestra actualidad nos muestra que aquellas dos alas vigorosas del espíritu cubano del siglo pasado, apenas si hoy agitan sus inválidos muñones en nuestro ambiente.

Empecemos por la fe en la cultura, y empecemos por ser justos. Es indudable que el alborozo y la esperanza que frente al fenómeno cultural sentían nuestros antecesores les venía de una honda marea de la época, arrojada sobre la Isla por las olas culturales que llegaban de Europa. Y que, también, de entonces acá la marea ha descendido mucho dejando al denudo múltiples hendeduras en la valoración cultural. Sería por tanto de una patente injusticia buscar en nuestro ambiente contemporáneo la supervivencia de aquella fe intacta y virginal en el poder de las ideas cuando sabemos que desde hace algunas décadas esa fe ha sido ultrajada y burlada por la época.

Porque no hay que olvidar que la conciencia cubana empezó a parpadear a la luz del Iluminismo francés y bajo el estímulo del espíritu dieciochesco. Y el Iluminismo traía en su corazón, como núcleo fundamental de su fulgor, una soberana y deslumbrante confianza en el poder de la Razón como vehículo de liberación y progreso. La humanidad había deambulado durante muchos siglos entre sombras caliginosas, pero ya algunas minorías habían encendido las primeras luces y todo se reducía a extenderlas con la enseñanza, a intensarlas con la combustión racional, para que lo demás se diera por añadidura: se desvanecerían las supersticiones religiosas, caerían las desigualdades políticas y todo el género humano marcharía hacia niveles auroreales y felices. El dogma supremo e indesarraigable de la época era que nada ni nadie podía detener ese progreso, esa redención cultural del ser humano. De ahí que fuera más posible separar de un golpe la cabeza de Condorcet que aflojarle el optimismo sobre el inmenso poder de las ideas. Sobre ellos escribía y soñaba en sus postreros momentos, sin permitir que su generosa visión del Universo se alterara en lo más mínimo por el hálito de acero que ya le acariciaba la nuca. Este alzado espíritu Iluminista, sembrador de entusiasmos, penetró parcialmente en España cuando Carlos III y saltó por sobre España para dar a Cuba su primer baño de intelectualidad internacional. De él y por él, como concreción de su influencia, surgieron las fecundas Sociedades Económicas de Amigos del País, la primera en Santiago de Cuba en 1788, la segunda en La Habana en 1793.

Pero este pujante espíritu dieciochesco, conformador de nuestra primera minoría reflexiva, armado de racionalidad y progresismo, en el siglo siguiente sufrió tan hondos y radicales embates que lo desmantelaron casi por completo. Los adelantos de la ciencia trasladaron el acento hacia la búsqueda de hechos más que a la especulación intelectual; el materialismo histórico hizo aflorar profundos factores sociales que los Iluministas no habían advertido; la Psicología freudiana descubrió todo un submundo de fuerzas, complejos e instintos que asustaban al razonamiento y descuajaban su ordenada concepción del mundo; la filosofía planteó postulados que eran casi antagónicos a los conceptos iluministas y se afirmó en posturas hostiles a la razón; y para colmo, al abrirse el siglo XX, la instauración de férreas dictaduras políticas, con su estremecedor aparato de represión y castigo, y la sucesiva germinación de esos hongos atómicos que sombrean ominosamente los caminos de la civilización, han hecho entrar en crisis los valores culturales y despojado de sus últimos reductos a la fe en el progreso incontenible del género humano. Desconocer toda la tremenda influencia de estos factores en la estructuración de una nueva visión del hombre y su destino, y criticarnos a nosotros mismos por no haber mantenido intacto y erguido el pendón de la cultura dieciochesca mientras a nuestro lado el vendaval de la época lo desgarraba y deshacía en jirones, sería de una trivialidad e ignorancia inexcusables.

Sin embargo, aun teniendo presente todo el proceso espiritual contemporáneo depreciador de valores, la situación cubana ofrece amplio flanco a la crítica y al análisis. Y es que nosotros, en la desvalorización, hemos ido mucho más allá de la época. En su exagerada confianza en la cultura, nuestros antecesores respondían a la estimativa de su tiempo, en cambio, en su indiferencia o desdén por el fenómeno cultural nuestro ambiente ha descendido por debajo del nivel epocal. Porque a pesar de todos sus quebrantos y disminuciones, despojada de sus hipertrofias iluministas, la cultura sigue siendo un valor entrañable y anhelado de las sociedades, un alto indicio de capacidad y salud colectiva, una expresión hondamente significativa de la situación general de un pueblo. Ser culto es aún la aspiración radical y definitoria del hombre occidental, su contribución más defendible. Aparte, pues, de toda su íntima e inefable apreciación como fenómeno espiritual, descontando su significación como egregio proceso de autoelevación, la cultura, en su aspecto social más amplio, ofrece facetas de soberana importancia. Una nación culta tiene muchas más probabilidades de superar cualquier crisis que un conglomerado acéfalo e incultivado, le es más factible mantener el equilibrio interno y la normalidad política. Ya alguien ha señalado certeramente que si la cultura alemana no pudo evitar la entronización del nazismo (cosa que por lo demás estaba mucho más allá de sus posibilidades), sí ha contribuido magníficamente a erguir a la nación en una década de la postración y el desastre más absoluto que recuerda la historia.

Y es que en tales casos, y ciñéndonos estrictamente a sus derivaciones públicas, a su proyección comunal, la cultura ambiental es el vehículo propiciatorio que hace inteligible a la nación las consignas y demandas de la minoría responsable. Así fue posible que en la más apretada situación histórica todas las fuerzas de la nación alemana se alinearan comprensivamente junto a la sagaz y equilibrada política que el gobierno había dibujado y que la alta preparación general permitió entender de inmediato. Todo plan de desarrollo económico y social, cualquier esfuerzo por elevar los prejuicios raciales, el mejor intento de elevar la capacidad política de la masa para afinarle el discernimiento electivo, ha de contar, insalvablemente, con una multiplicidad de células sociales lo suficientemente despejadas intelectualmente como para advertir y compartir la dirección esbozada, difundiéndola y proclamándola necesaria; sólo así el proyecto dejará de ser mero consejo teórico o imposición ineficaz del gobierno y se hará factible como querencia de la colectividad. De lo contrario, ausentes los cuadros culturales que pueden traducir a la totalidad del pueblo las urgencias del minuto histórico, privada de capacidad para ver el pendón de combate que le agitan al frente, la masa nacional se disgrega y agota en menesteres parciales, en menudas querellas, que imposibilitan la realización de programas verdaderamente superiores y estatales. Es por ello evidente que, aparte de todas las otras consideraciones que como síntoma se le ofrecen a un hombre de pensamiento, una nación que se deje penetrar solamente por los estímulos materiales y económicos, que pierda la sensibilidad frente a la creación de cultura y la tenga sólo como vacía fórmula de elegancia, como inútil ropaje de etiqueta social, está cerrándose uno de los más fecundos y útiles caminos de consistencia interna y proyección internacional, está quebrando la mejor base de equilibrio íntimo y solidaridad nacional y está volviendo las espaldas a la valoración de la época que, aun para mixtificarla o utilizarla como instrumento de conformación o deformación del pueblo, sigue viendo en la cultura un formidable cincel de la conciencia humana.

Pues bien, tal es, a nuestro juicio, el caso de Cuba. Agravado, claro está, por circunstancias aún más determinantes, como son la improvisación y el descuido de los planes educacionales, el abandono de la enseñanza primaria, la desmoralización del magisterio por la intromisión politiquera, la convulsión continua del estudiantado. Marcha, pues, nuestra nación, a los cincuenta y tantos años de república, sobre un doble vacío: abajo, la raquitez de la primera y segunda enseñanza; arriba, la desvalorización ambiental de la cultura. Y cuando hablamos de desvalorización ambiental nos referimos a la ausencia de sonoros aparatos oficiales o de algunas minorías denodadas que aquí y allá luchan a brazo partido por crearse su propia esfera de acción. No; me refiero a algo que está por debajo y por encima de todo eso, al peyorativo que se palpa y se siente en la atmósfera cubana para los desinteresados esfuerzos culturales, a la falta de estímulo y comprensión general para lo que significa un aporte intelectual, a la carencia en todas las esferas de la sensibilidad necesaria para hacer resonar, de vez en cuando, el aplauso alentador. Ambos vacíos, de educación y de ambiente, han contribuido, en viciosa interrelación, a la desaparición paulatina de grandes investigadores, al medro y depauperación de nuestra intelectualidad, a su dispersión en actividades más remuneradoras y prácticas que necesariamente le superficializan la obra. Y es que, como ya dijimos anteriormente, también *las voluntades, como las plantas, necesitan del oxígeno ambiental para trasmutarlo en acción; y tanto el científico, como el artista, como el intelectual, necesitan saber, y más aún sentir, que la búsqueda del laboratorio, o el pincelazo brillante, o el estudio enjundioso, van a determinar un mínimo de ondas admirativas en la colectividad, un cierto agradecido reconocimiento.* Sólo las voluntades templadas con el más puro espíritu de sacrificio laboran tenazmente en medio de una indiferencia circundante; pero no es justo exigirle o esperar de todo el mundo un temple toledano frente a la adversidad. Así, el profesor sabio que cala hondo en la conciencia estudiantil, el escritor profundo descubridor de panoramas culturales, ha ido haciéndose entre nosotros cada vez más raro y, por tanto, de menor influjo sobre el medio. Ya en la crisis de 1952 se notó la ausencia en el panorama cubano de voces augustas y reflexivas, peraltadas por la obra de pensamiento, respetadas por su imparcialidad frente al acontecer político, que señalaran a la juventud estremecida y desorientada la mejor actitud a asumir, la línea general de movimiento. Faltaron figuras de suficiente talla como para recoger y frenar, erguir o disparar el juvenil entusiasmo. No hubo ideologías ni ideólogos donde ir a buscar refugio o explicación, aliento y esperanza. Por ello, siguiendo un proceso preñado de riesgos, pero inevitable en razón del desamparo, la juventud ha tenido que decidir su camino y erigir sus propios líderes.

Ya en 1910, casi recién estrenada la República, el ojo penetrante de Jesús Castellanos discernía en el ambiente este desmayo ideológico circundante y adelantaba juicios sustanciales: "Aun cuando seamos pequeños los que levantamos la voz, es hora de que se toque a la puerta de nuestros intelectuales y se les exija el cumplimiento de su misión social de enseñar y aun de padecer la enseñanza. Como nos hemos propuesto tener por única arma la sinceridad, permitidme que advierta la notoria impropiedad con que en Cuba se emplea esta preclara denominación de intelectual. El intelectual de los grandes centros de población es un hombre que reparte lo mayor y mejor de su actividad en el refinamiento constante de sus ideas, pero se distingue especialmente por su apostolado perenne e indirecto, escribiendo libros, organizando academias, entrando en las polémicas ideológicas, contestando a las enquetes de los periódicos, viviendo una vida que, ayudada quizá por un poco de exhibicionismo, trasciende a la conciencia pública y contribuye a su más recta dirección. Lo que aquí llamamos intelectual es —seguramente por causas económicas en gran parte—, la mitad brillante de un abogado o un médico que de vez en cuando tiene tiempo de leer un volumen y pierde de leer cuarenta que esperan en vano en su biblioteca; la nostalgia de un profesional que anda siempre a pleito con las horas de su reloj, sin que ninguna le quede para vivir espiritualmente un poco con su pueblo, pálido cuarto menguante de una luna que no tarda mucho en desaparecer... *Comprendido como en otros países el concepto, hay que convenir que en Cuba no hay intelectuales, sólo hay hombres inteligentes*" [1].

Pertenecía Castellanos a aquella generación calificada certeramente por Max Henríquez Ureña como "generación de las tres banderas" (aludiendo a las insignias nacionales que en rápida sucesión vieron desfilar por el Morro) y que luchaba tenazmente por reconstruir las bases culturales del país, deshechas por la tormenta independentista, mediante el enlace con la tradición original del pensamiento cubano.

Pero las causas que determinaban la debilitación ambiental del anhelo cultural seguían trabajando. Quince años más tarde, en 1925, Jorge Mañach emplaza sobre la tribuna de

---

[1] Max Henríquez Ureña, *La Sociedad de Conferencias de La Habana y su época*, Municipio de La Habana, 1954, pág. 26.

la Sociedad Económica de Amigos del País su juvenil entusiasmo y dispara su análisis sobre el problema más grave que se mueve en su horizonte: el título de su conferencia, "La crisis de la alta cultura". Entonces, como nunca después, se le saltó a Mañach fuera del alma la agónica inquietud para ir a clavarse, desgarrando superficialidades, en las mismas entrañas de la realidad nacional. Volaron sus palabras, como abejas cargadas de sentido y trascendencia, para posarse indicadoramente sobre sustanciales aspectos del contorno patrio. Hendió las "furnias abisales del analfabetismo y de la deficiencia de la instrucción en Cuba" y señaló certeramente los tres elementos que propician una cultura nacional: "los esfuerzos diversos, la conciencia y orientación comunes, la opinión social", advirtió la desastrosa influencia de la mofa y el choteo en nuestra vida pública: "el miedo o ser choteados impidió a los políticos tener altura de miras, a los abogados rehusar pleitos infames, a los hombres casados ser fieles, a los estudiantes ser filománticos, es decir, estudiosos... Poco a poco, por contagio y por intimidación, la mofa llegó a formar ambiente, enrareciendo el aire moral del país". Y también, sin concretarlo nunca ni ofrecerse como definido objetivo, el mal ambiental encontró hueco en su discurso. "Esta deducción nos permite dividir las causas de nuestra crisis en tres categorías: las causas individuales, las causas orgánicas y las causas sociales; o lo que es lo mismo, las deficiencias del esfuerzo, de la organización y del ambiente". Más adelante, al hablar del ahogamiento de las vocaciones intelectuales de los jóvenes: "¿Acaso le ofrece el ambiente alguna invitación a que las cultive?" Y, por último, en este párrafo de inapreciable valor que conviene reproducir en toda su extensión: "Y si a aquella inercia producida por el temperamento y la temperatura, si a esa desorganización engendrada por nuestro individualismo excesivo se agrega, por parte de la masa social anónima, que debe ser como el substrátum de la cultura, su actitud de displicencia y hasta de menosprecio hacia las inquietudes intelectuales, veréis cómo se completa el desolado cuadro de nuestra crisis. El pueblo —y cuando digo el pueblo, me refiero a todas las clases no intelectuales de la Nación, desde el seno de la familia hasta la oficina y el ágora—, el pueblo alienta ya de por sí una sorda antipatía, un irónico recelo contra toda aspiración en que le parece sorprender pujos de aristocracia. Son los hostiles «sentimientos primarios» de que habla Ortega y Gasset. Hasta hombres educados hallaréis que protestan contra la denominación de intelectual, como si el así llamado pretendiese formar casta aparte, como si ese vocablo no fuese una simple denominación genérica, empleada para mayor comodidad al referirse a cualquiera que milite, como director o como sencillo obrero, en la causa de la cultura. Claro que el intelectual es —por desgracia— individuo de minoría (en el sentido no cenacular de esta palabra...); pero de una minoría atenta como ninguna al bienestar y a la dignidad de todos, de una minoría que aspira a ganar cada día más secuaces para la obra común de civilización. El pueblo no lo advierte y le opone su recelo estólido. Su misma dedicación adquisitiva ha arraigado en él los prejuicios positivistas de la época. La mala educación, la mala prensa, la mala política le han pervertido, enturbiándole la estimativa de los verdaderos valores mediante falsas prédicas y peores ejemplos. No sólo entre el pueblo bajo, sino hasta entre la burguesía, el ser o parecer "intelectual" es una tacha de la que hay que redimirse mostrándose humano y sencillo, como si intelectualidad y vanidad fuesen en esencia la misma cosa. En consecuencia, el individuo de superior vocación, se siente entre nosotros aislado, desalentado para toda pública iniciativa, o constreñido si quiere conquistarse las simpatías sociales a tomar actitudes rebajadas e impuras que halaguen la vasta psicología anónima.

Esta tesitura social, esta falta de ambiente, debiera combatirse por medio de la prédica, del coraje individual, del señalamiento edificante de los valores genuinos y la recompensa adecuada de los mismos; pero los llamados a hacerlo no se les ocurre, o no quieren exponerse, o no les parece que esa política de fomento sea un programa suficientemente concreto como para romper lanzas o votar créditos en su apoyo. Y así, en suma, la cultura avanza —si es que en verdad avanza— a paso de tortuga, porque los aportes individuales son escasos, porque están desorganizados y porque les falta apoyo social"[1].

Después de la fecha de esa medular conferencia, la República entró en una era de vertiginosidad política y convulsión social no muy propicia, ciertamente, para la superación de los obstáculos culturales esquematizados por Mañach. La lucha contra Machado llamó una vez más a la trinchera política a los grupos intelectuales que entonces se agrupaban e iniciaban su hacer, cerróse la Universidad, troncháronse los cursos y se estremecieron hondamente todos nuestros fundamentos sociales. Lo posterior es casi actualidad lacerante: los cursillos menesterosos para recobrar el tiempo perdido, los nombramientos centelleantes de profesores, el estudiantado en aires de milicia nacional, y al cabo, tras algunos oscilantes adelantos, la caída dolorosa en la situación

---

[1] Jorge Mañach, *La crisis de la alta cultura en Cuba*, Habana, 1925. Para un análisis más detallado del proceso posterior, ver mi libro *CUBA, Prologue to Revolution* (Cornell University Press, 1972).

original, la cerrazón política y de nuevo el ominoso silencio en las aulas universitarias. Quien quiera pulsar cómo se ha reflejado en el ambiente este conturbado período de nuestra historia, lo que ha significado para una generación la impronta de la violencia y el módulo de fuerza, que busque la producción novelística contemporánea de Cuba y se asome a unos cuadros sombríos que, desgraciadamente, enmarcan también el próximo futuro [1].

Es válida, pues, la conclusión de que ni entre los profesionales, ni entre los estudiantes, y mucho menos en los demás sectores de la vida nacional, ha logrado instaurarse un clima de respeto y admiración para los ideales de cultura, para los tenaces esfuerzos de superación colectiva. Reina en todas partes la visión minoritaria, el apego a la pequeña problemática cotidiana y el desapego, cuando no el menosprecio, para lo que significa en una nación la producción espiritual, la labor de cultura, el alto impulso ideológico creador de conceptos y adoctrinador de juventudes. El viejo ideal de nuestros patricios, visualizadores de un pueblo pequeño en lo físico y grande en la cultura, de una nación modelo, modelada por la educación colectiva, sigue palpitando en algunos corazones fervorosos, pero palpita en lo íntimo, en el más recóndito pliegue del espíritu, sin osar asomarse a un ambiente de fuerza que lo quebraría indiferente y sin temblores, como aplasta la flor el casco del caballo. Alguna vez hemos de decidirnos a sacarlo de su invernadero y a enarbolarlo firmemente como pendón de un programa redentario.

Ahora bien, si el desmedro y apagamiento del ideal de cultura que movilizó a las generaciones cimentadoras de la nación es en principio y necesariamente un síntoma gravísimo de enrarecimiento ambiental, no es, con todo, el más hondo ni el más estragoso. No olvidemos que el segundo combustible de las voluntades ochocentistas era, según ya habíamos esclarecido, una confianza fundamental en las condiciones del pueblo cubano, una fe incontaminada en las virtudes del criollo para erguirse en nación libre y capaz. Y también este estímulo grupal, esa esencial fe colectiva, se ha disipado o languidece en nuestro ambiente señalándonos con su ausencia una crisis que toca los mismos fundamentos de la nacionalidad. Porque si hay una creencia vertebral, pivotante de todo el credo ideológico de un pueblo, es su confianza en sí mismo, la autoestimación de sus condiciones y pujanza que le permite afirmarse siempre frente a las circunstancias adversas y galvanizar las voluntades ante

---

[1] Véase, por ejemplo: *La trampa*, de Enrique Serpa, Buenos Aires, 1956, y *Una de cal y otra de arena*, de Gregorio Ortega, La Habana, 1957.

la obra común. Y ahí, en ese mínimum de riqueza espiritual, estamos nosotros bordeando la indigencia. Es difícil encontrar un pueblo más sumido en el escepticismo y la desconfianza mutua que el nuestro; nosotros hemos extendido el recelo y la suspicacia a las mismas entrañas de la colectividad. No sólo dudamos del político y del magistrado, del capitalista y del líder obrero, no; dudamos de la esencia misma de la cubanidad, estamos desesperanzados del cubano en abstracto, de la sustancia constitutiva del criollo. No se trata ya de que se piense que en Cuba hay muchas personas deshonestas, lo cual es ciertamente superable, sino que la convicción que aletea en la mayor parte de las conciencias es la de que el cubano, orgánica y radicalmente, es incapaz de ser honesto, lo que significa, evidentemente, caer más profundamente y postrarse en inercias medulares... Mientras se piense que factores externos o tropiezos históricos han impedido la instauración entre nosotros del decoro público y la madurez política, aún cabe columbrar esperanzas y tensar fuerzas para superar el proceso, pero si se empieza a pensar que es el carácter del cubano el que irradia la circunstancia negativa, entonces no queda más que plegarse a esa circunstancia y resignarse a la perpetuidad del fenómeno: sean quienes sean los que lleguen a mandar, parta de donde parta el movimiento renovador, montado como viene en un instrumento humano deleznable, el cubano, inevitablemente, ha de caer en los mismos yerros y culpas de los precedentes; en las generaciones nuevas está latente lo que en las viejas es patente: la incapacidad congénita para vivir rectamente... Y bien sabe Dios que aunque otra cosa se cante y se grite en público, tal es la veta sombría que serpentea a ras de tierra en nuestra patria, ésta es la convicción ambiental que se nos pega como la humedad apenas transitamos por Cuba. Aun en momento como éste en que el juvenil heroísmo ha manchado de sangre las calles y los campos.

Es natural, por ello, que entre nosotros revista caracteres heroicos lo que en otras naciones es movimiento espontáneo; que en Cuba haya que tener muy firme y tenaz el espíritu, muy recogida y férrea la ilusión, para seguir creyendo en Cuba. Porque desde las primeras aulas, en las conversaciones callejeras, en los cines, en el club, en el hogar, en la plática ligera o en la discusión política, en todas partes, desde que el muchacho cubano abre al ambiente su generosa capacidad de fe y de esperanza, le van arrancando a jirones la Patria, macerándole el ánimo, emasculándole la voluntad heroica. Y se les susurra que nuestros héroes de la independencia eran en realidad esto o aquello, y se le muestra el envés repudiable de lo que él consideraba ejemplar, y se le advierte contra el alzado defecto de tomar muy en serio las cosas en Cuba, y se le muestra una nación de relajo, de triquiñuelas y componendas, donde, no hay valores firmes, ni clases sociales dignas de respeto, donde todo marcha con la fácil irresponsabilidad del criollo y donde, sobre todo y ante todo, hay que aprender temprano a encauzar la vida en la "viveza", es decir, en el ágil aprovechamiento de la debilidad del prójimo. Lo primero que se aprende en Cuba es a tener sentido realista, a abominar de la teoría o la ilusión como de cosa nefasta y a cercenarnos y desgajarnos cualquier infausto brote de idealismo; porque también aprendemos muy pronto que en Cuba se les llama "idealistas" a los que por un resto de conmiseración no queremos calificar de idiotas... ¿Cómo, pues, con tal módulo y enseñanza, con tal impronta anímica, no iba a producirse en Cuba la radical subversión de valores que estamos padeciendo? ¿Cómo no iba en definitiva a trastocarse toda la visión jerarquizada de las cosas, y a dar en esto de aplaudir lo malo y desdeñar lo bueno?

Con esas depauperadas convicciones, negadoras de toda la fe ochocentista, con ese concepto del carácter cubano, aupado por el bajo sentido de la cosa pública y nacional que ya anteriormente señalamos, había de desembocarse, por mera gravitación espiritual, en nuestra actual torcida escala de valores, que aterra y encoge a quien la estudia. Así no sólo hemos llegado a aceptar como cosa natural y risueña la corrupción administrativa, lo cual es muy grave, sino que el desaprovechamiento del cargo público, por algún prurito de honradez, no determina el aplauso o el público merecimiento, lo cual es aterrador. Se nos ha embotado la sensibilidad a tal punto que contamos con que el político robe como aceptamos que tiene dos manos, y nos sobresalta y alarma que no lo haga, como si descubriéramos que es manco; y en el fondo del juicio público su figura queda un poco fuera de marco, defectuosa, como pieza que no encaja en el cuadro porque no sabe "ser político". Se nos ha invertido la ejemplaridad social de forma que los modelos y patrones de conducta vienen de abajo arriba, con la popularidad y el ensalzamiento de figuras que debiéramos combatir como rebajadoras, tal el garrotero y el apuntador, el chuchero y la santera. Y celebramos todos como gracia y recreo la entronización del juego en todas las capas sociales, cual si no fuera éste por sí solo un vicio capaz de paralizar y postrar a todo un pueblo.

Tal es la enseñanza y la doctrina del ambiente, y tales sus resultados en el ámbito nacional. Sucédense las generaciones y asoma aquí y allá, esporádica, la rebelión contra éste o aquel aspecto del contorno cubano, pero como no se cuenta con el vicio original, ni se perfila el verdadero enemigo, el ambiente absorbe y difunde la embestida, la menudiza en claudicaciones parciales y la deja trunca, ineficaz, perpetuando la convicción maligna y el pernicioso ejemplo para la nueva generación que arriba: "De ahí que la conducta de una generación de jóvenes dependa esencialmente del "ejemplo actual" de las generaciones de los mayores. Si éste es malo o defectuoso, o desviado de lo que convendría a la colectividad, los jóvenes adoptarán fatalmente una de estas dos posturas: o la imitación escéptica, a veces cínica, de la conducta de la generación anterior, o la rebeldía, a veces con todo el ímpetu descabellado de los que no tienen el freno de los recuerdos, la experiencia formadora de la personalidad"[1]. Tal reza el frío y certero diagnóstico de un gran biólogo. O la imitación cínica o la rebeldía impetuosa, ¿quién no constata y verifica la tesis al contemplar la duple postura con que reiteradamente se ha enfrentado la juventud cubana al pernicioso ejemplo de sus mayores, al hacer de la generación rectora, horra siempre de ejemplaridad? Y lo peor es que la cadena se prolonga porque las dos actitudes suelen desembocar en una mayor lobreguez del ambiente. La primera, porque le añade al cuadro los tonos deprimentes de una juventud que ostenta y hace alardes de su inverecundia, de su irrespetuosidad y desparpajo; la segunda, infinitamente más noble y alentadora, porque su propio ímpetu inexperto le suele hacer fallar el objetivo. Como saltan sobre el escenario sin previo estudio ni plan organizado, en carne viva de entusiasmo, las inesperadas aristas del problema lo llagan y laceran infundiéndoles una prematura sensación de fracaso que los conduce al resentido alejamiento de la lucha o al plegamiento a las circunstancias, es decir, a la aceptación y adaptación de los males que habían comenzado por combatir gallardamente. La trayectoria de la generación del 30, de esa tremenda generación que tan anormalmente ha prolongado su vigencia en Cuba, es una clara muestra de lo que venimos diciendo[2].

---

[1] Gustavo Pittaluga, *Temperamento y personalidad*, Fondo de Cultura Económica, México, 1954, pág. 162.

[2] Según los cálculos más comunes, la vigencia de una generación debe fluctuar entre los quince y los veinte años. Ahora bien, la llamada «generación del 30» está alcanzando en Cuba los treinta años de persistente actuación. Ello, naturalmente, ha perturbado la evolución normal de nuestra vida pública. Cada generación trae consigo un repertorio de fórmulas, actitudes y soluciones que aplica parcial o plenamente, pero que terminan por agotarse y perder eficacia con el tiempo. Estimo que una de las más hondas y ocultas causas de desajuste nacional es que se está viviendo o tratando de vivirse una tónica generacional que ya ha perdido su vigencia y su capacidad para entusiasmar o conmover a la nación. De ahí la sensación de vacío, de gesticulación inefectiva que notamos en casi todos los sectores de la vida pública.

ESQUEMA DE LAS CAUSAS Y PREMISA POSITIVA

La decadencia y el apagamiento de los principales estímulos de las generaciones creadoras de la nacionalidad, la progresiva letalidad de nuestra atmósfera espiritual, que nosotros comenzamos por señalar y denunciar como una variación amenazadora entre el ambiente cubano de hace una centuria y el actual, como una crisis general del ambiente, ha sido un proceso que, de vez en cuando, al hacerse más visible su influencia en tal o cual acontecimiento, ha provocado la incursión analítica y el ensayo parcialmente explicativo. Manuel Sanguily, que vivía con la ardorosa cubanía siempre a flor de piel y sentía y vibraba antes que nadie con sus heridas, tuvo poco antes de morir la cabal intuición de lo que estaba ocurriendo: el desteñimiento ideológico del pueblo, la pérdida de las convicciones radicales de nuestras primeras minorías: "Mirando hacia atrás, ¿cabría pensar propiamente que la república no es la derivación legítima, sino acaso la adulteración, ya que no la antítesis, de los elementos originarios creados y mantenidos por la revolución, que la engendraron y constituyeron? Porque en realidad parecen dos mundos contrapuestos: el uno, minoría candorosa y heroica, toda desinterés y sacrificio; y el otro, mayoría accidental y traviesa, todo negocio y dinero. Casi todo nuestro legado tradicional o —como otros le llaman— nuestro ideal, apenas si sirve como bandera para encubrir, en nombre de la patria, villanías y atrocidades"[1].

El propio Mañach, sin perseguir el tema hasta sus últimos refugios, ha hablado más de una vez de la interrupción de nuestro proceso integrador, y de la nación que nos falta[2]. Antes que él, el olvidado Lamar Schweyer escribía sobre la desintegración de lo tradicional y la crisis del patriotismo, atribuyéndola, en gran medida, a la existencia e influencia de fuertes núcleos hispánicos en una nación de todavía débil basamento[1]. El profesor González Palacios hurgó con límpida prosa en el cinismo ambiental y le extrajo lo que él consideraba la causa original: la enmienda Plat, descoyuntadora de nuestros primeros ideales republicanos[2]. Y todos ellos, y muchas otras cabezas claras que sobre el problema han meditado, tienen parte de razón, pero no toda la razón; han apuntado certeramente un motivo o una causa, pero han soslayado la causología general, la índole peculiar del pro-

---

[1] Manuel Sanguily, *Defensa de Cuba*, Municipio de La Habana, 1948, pág. 181.
[2] Jorge Mañach, *Historia y estilo*, La Habana, 1944.
[1] Alberto Lamar Schweyer, *La crisis del patriotismo*, La Habana, 1929.
[2] Carlos González Palacios, *Revolución y seudo-revolución en Cuba*.

blema. Porque si de algo ha de servirnos el planteamiento del tema en términos de ambiente y la indagación y despejamiento del fenómeno ambiental, es para fundar el análisis en una premisa amplia y general que abrace toda una multiplicidad de factores. Ya dilucidamos que el ambiente emana y se nutre de un conjunto de detalles y perfila la totalidad, y que se nos diluye y escapa si intentamos atraparlo en un factor aislado. La decadencia de nuestro clima mental, la crisis del ambiente, hay que rastrearla, por tanto, en numerosas causas, en una concurrencia de factores, cada uno de los cuales proyectó su influencia y su reflejo en nuestra atmósfera.

Así habremos de estudiar, y de incitar a otros a que estudien; el aporte espiritual de la colonia en su doble aspecto, es decir, como vehículo de transfusión de los defectos y virtudes del carácter hispánico [3] y como estructura política en la cual vivimos tres centurias y que legó su huella en muchas de nuestras actitudes. El factor cultural, con su alzada tradición filosófica en la primera mitad del siglo XIX y su tronchamiento e interrupción con las guerras libertarias, con la influencia de las ideas y planes de Varona, con la emigración hacia tierras nórdicas de gran parte de nuestra juventud, y con el zarandeo político. El factor racial, con el alejamiento y desvinculación de la cosa pública de una gran masa nacional que no ve en la república la consagración y plenitud de sus aspiraciones [1]. El aspecto religioso, porque también hemos de demandar el porqué el catolicismo, que implica una ética rectilínea y una moral sin transacciones, no ha logrado erguir las conciencias ni frenar los desmanes de la deshonestidad privada y pública en un pueblo que se dice católico en su mayoría. El proceso económico, con sus eternos vaivenes, su inseguridad y sus patentes desa-

---

[3] Como muestra de la influencia del carácter hispano en el nuestro, baste citar el siguiente ejemplo: José Antonio Portuondo, en su estudio *El contenido social de la literatura cubana* (México, 1944), señala la improvisación y el embullo como caracteres típicos de nuestra literatura, que debemos esforzarnos en superar. En la introducción a la obra *Historia general de las literaturas hispánicas* (Barcelona, 1949), Ramón Menéndez Pidal establece que: «El hombre hispano es ímpetu o no es nada, lo distingue la acción descuidada de la perfección... La confianza en el primer acierto, la improvisación, es norma bastante general, hasta de los más grandes escritores españoles de todos los tiempos».

[1] Tenemos que acostumbrarnos a medir en su plena importancia la situación y la influencia de la población de color en Cuba. En tal sentido, suscribo íntegramente lo escrito por Lydia Cabrera, esa tenaz buceadora de nuestro ancestro africano: «Sin duda, como lo ha señalado un africanista norteamericano, "Cuba es la más blanca de las islas del Caribe", pero el peso de la influencia africana en la misma población que se tiene por blanca, es incalculable, aunque a simple vista no pueda apreciarse. No se comprenderá a nuestro pueblo sin comprender al negro» (Lydia Cabrera, *El monte*, La Habana, 1954, pág. 9).

justes. El factor político, máximo succionador de viriles energías, perpetuo responsable de muchos encanallamientos. Y algunos otros de menos calibre que sería vano enumerar ahora, pero que han contribuido también a deformarnos nuestra visión colectiva.

Bajo esa intención amplísima hemos de trabajar la realidad nacional si queremos enlazar y apretar en una síntesis clarificadora las causas de la crisis y la posibilidad de su superación. Porque no olvidemos que de eso se trata, de entender para superar.

En la primera década de nuestra vida republicana, con el primer gran tropiezo de la segunda intervención americana, hubo un cubano que al alejarse de nuestras costas con el alma cargada de pesadumbre, escribió un libro acuciante y notable sobre Cuba, el único estudio que conozco en el cual se parte de una ojeada general de los factores ambientales, y donde aletea una cierta tendencia a juzgar en conjunto los datos integradores de nuestro carácter. Pero con todo y su inapreciable valor como fuente de datos y de sugerencias, el libro de Figueras, "Cuba y su evolución colonial", es un libro negativo y deprimente. Y lo es no por su intención ambiental, sino porque el autor no partió limpio de espíritu y libre de prejuicios en busca de razones y causas históricas, sino que fue a llenar con datos una previa tesis pesimista, trató de cimentar con hechos un inicial juicio peyorativo. "Devoré en breve espacio cuanto escrito sobre ella (sobre Cuba) llegó al alcance de mis manos. Cuando concluí mi lectura estaba vencido y convencido. Vencido en mis viejos ideales y convencido de que Cuba carecía de capacidad para ser una nación independiente"[1]. Con tal tremenda y pesarosa conclusión abre su libro y engloba su estudio. No es de extrañar que con esa carga la obra se hundiera pronto en el olvido y fuera soslayada por un pueblo joven que acababa de desmentir con los hechos la base de tal sombría tesis.

Pero lo importante y esencial desde el punto de vista de la investigación es preguntarse si tal conclusión deprimente es válida e insalvable, si es cierto que el análisis del ambiente cubano lleva al convencimiento de que nuestros males no son adventicios y transitorios, sino congénitos e indesarraigables... La respuesta sincera, imparcial, desapasionada, es no; serena y rotundamente, no. Por el contrario, una indagación del ambiente cubano, una inmersión en la urdimbre de nuestros desfallecimientos y esperanzas, termina por sembrar en el alma una alzada confianza en nuestro futuro. Y ello sin aspavientos patrióticos ni falsedades dema-

---

[1] Francisco Figueras, *Cuba y su evolución colonial*, La Habana, 1907, pág. 5.

gógicas. Porque el primer precipitado luminoso que arroja la combustión de todos esos ingredientes históricos que aisladamente parecen conducir al pesimismo [1] es que ni nuestra actual manera de pensar, ribeteada de cinismo e incredulidad, ha sido siempre nuestra, ni llevamos dentro nada que nos arrastre y obligue a la perpetua desmoralización, ni estamos incapacitados para desembarazarnos con un firme gesto de cabeza de toda esa atmósfera rebajadora que flota en torno nuestro. A pesar de esa atmósfera, hemos progresado indudablemente en múltiples aspectos, luchando contra ella, late en el hondón del alma criolla una ávida apetencia de tener fe en algo, de aferrarse a la menor insinuación de una esperanza, pese a su influencia, se yergue cimbreando una alentadora e indeclinable voluntad colectiva de libertad y justicia. Y si progresamos contra nosotros mismos, ¡qué no haremos si logramos desvanecer el clima negativo que envuelve a nuestro pruebo! Basta que empecemos por entender bien claro cuál fue el proceso que nos llevó a tales cauces de pensamiento, que visualicemos el origen de nuestros complejos sociales, para que se nos empiece a afirmar la intención de superarlos y les hagamos perder toda su fuerza negativa. Se trata casi de una cura de psicoanálisis colectivo, de hurgar en nuestro pasado para encontrar en él los sucesos y acaeceres, a veces triviales, que originaron una cadena de ideas y convicciones desmoralizadoras, para sacarlos a la luz de la conciencia pública y despojarlos así de su capacidad de hacer daño.

Una generación que tenga bien abiertos los ojos del espíritu, que comprenda diáfanamente que ella es la continuadora de un proceso patrio y que de ella depende alzar y variar el signo de ese proceso, no sólo con la acción heroica o el ímpetu rebelde, sino también clavándose bien adentro del alma que el mal original y básico, la desconfianza en nosotros mismos, es simplemente el resultado de ciertos factores que pueden ser desvanecidos y desechados; que late en ella la pujanza necesaria para romper la cadena de claudicaciones y erguirse frente al ambiente, plena de comprensión y de rectitud, para afirmar siempre, con la convicción del que conoce sus razones, para afirmar frente a todos, frente al pasado y al presente, frente al que viene

---

[1] En cuanto al optimismo o pesimismo que pueda emanar de mis afirmaciones, hago mía la tesis y el ejemplo de Schumpeter: señalar un hecho no implica nunca pesimismo u optimismo, la actitud que se asuma frente al hecho es la única que puede ser optimista o pesimista. El marinero que anuncia que hay una vía de agua en el barco está simplemente enunciando una realidad. Frente a ella, la tripulación puede sentirse pesimista y correr a abandonar el barco, pero puede también lanzarse a las bombas y terminar por salvarlo.

a mordernos el prestigio patrio con gesto serio o con remilgo burlón, su fe en el pueblo cubano, su orgullo de ser tal, su confianza en nuestro hacer y en nuestra historia; y pueda y quiera y sepa defender su postura con el cabal conocimiento del pasado nacional, con la certidumbre que da el entender incluso el porqué de la tesis contraria. Esa generación estará desbrozando un nuevo y firme sendero de superación colectiva y abriendo nuevas y alzadas posibilidades de vida en esta Isla ubérrima y, a la vez, estrecha y flaca, como hambrienta de esperanzas.

Tornémonos, pues, al pasado, para desenmascarar los factores determinantes de nuestro ambiente espiritual [1].

---

[1] Le recuerdo al lector que esto no es más que un capítulo de un libro en el cual se intentará el estudio de cada uno de los factores enumerados anteriormente.

1958

TRES GENERACIONES EN LA CRISIS CUBANA

Al comenzar el año 1958, el ambiente cubano se había tensado con la violencia armada. Una polarización de fuerza parecía cerrar el horizonte en torno a dos únicos caminos: la dictadura militar de Batista o la victoria, cada vez más previsible, de los rebeldes de la Sierra Maestra, guiados por Fidel Castro.

Hace ya algunas décadas que el concepto de generación ha desbordado los reducidos cauces de la filosofía y ha pasado a formar parte del vocabulario usual colectivo. Es cosa común en estos tiempos oír hablar a cualquier ciudadano de los problemas de su generación, o de los cuidados e inquietudes de las nuevas generaciones, o del punto de vista generacional. Sabemos todos ya, con mayor o menor certeza, que dentro del ámbito humano de la nación pueden discernirse unas ciertas separaciones, unos determinados grupos que, enlazados fundamentalmente por la edad, presentan algunas radicales semejanzas en sus reacciones y actitudes. Y a esa agrupación cronológica, a esa línea humana que avanza o retrocede con un paso relativamente uniforme, le llamamos generación.

Aplicar este concepto a la problemática de un país no es, desde luego, empresa fácil. En la masa humana que forma la nación coinciden y se cruzan varias generaciones, hay edades que pueden caer en uno u otro grupo según cuál sea el punto que se adopte como perspectiva, existen seres disidentes y anacrónicos cuyas actitudes, prematuras o retrasadas, no se ubican en la clasificación correspondiente. Por otro lado, la generación es un mero concepto de referencia, una base primaria de ordenamiento que no fija y encuadra en forma definitiva todas las posturas de una colectividad. Sobre el individuo están continuamente actuando una serie de estímulos e incitaciones que varían con la región, la clase social o el medio familiar. No sufren idénticas presiones, aunque pertenezcan a la misma generación, el joven que crece en la capital, con sus urgencias despersonalizadoras y su desvinculación del cuerpo nacional, que el joven de provincias, donde se viven y se palpan los problemas comunales en toda su intensidad, y se forja firme y temprana la conciencia de grupo. Ni da la misma perspectiva, aunque esté montada en idénticas edades, la vida proyectada hacia el trabajo o el estudio, que la existencia biológica ociosa y parasitaria que baña a todos los acontecimientos, sean de Hungría o de la Sierra Maestra, con una suave luz de indiferente lejanía.

No obstante ello, con plena conciencia de sus limitaciones, el concepto de generación permite una indudable clasificación del panorama nacional, sistematiza y ordena un poco el confuso tumulto social, nos sirve, como los planos al arquitecto, de esquema preliminar que clasifica y distingue las líneas fundamentales de toda la estructura humana del país.

LAS TRES GENERACIONES CUBANAS

Si tomamos como punto de referencia el acontecimiento de mayor trascendencia de estos últimos años, el hecho que, previo a toda valoración positiva o negativa, emerge como el más influyente y significativo de estas últimas décadas: el golpe militar del 10 de Marzo de 1952, advertimos de inmediato tres líneas humanas, tres actitudes generacionales que se mueven y destacan en torno suyo: una primera generación, la así llamada "generación del 30", cuyos integrantes fueron los máximos actores del drama; una segunda generación, formada por los individuos que se abrieron a la vida en el decenio constitucional que va de 1940 a 1952; y una tercera generación, constituida por los jóvenes que emergieron con posterioridad a la fecha clave, 1952.

Dentro de estas tres agrupaciones, se enmarcan las principales tensiones de la crisis cubana: una generación, la del 30, que ya ha agotado o está agotando su cuota de vigencia y que mantiene su rectoría por causas anormales; otra que empieza a llegar a la madurez necesaria para tomar los controles; y una tercera que apenas empieza a asomar su perfil anónimo y violento por sobre el horizonte nacional. Ahora bien, lo peculiar y sintomático de la actual situación es que, por encima de hondas e insalvables divergencias, la generación que va de retirada y la que comienza a emerger tienen una tónica y un gesto común, conllevan una aureola parecida, es decir, ambas son generaciones revolucionarias, grupos humanos que asientan el pie en el escenario nacional con la enérgica voluntad de transformar violentamente todo el montaje colectivo. De donde resulta esta situación de extrema peligrosidad: que la generación intermedia, la que ahora bordea la edad necesaria para plantear su credo y sus soluciones, se encuentra literalmente atrapada entre dos generaciones revolucionarias, entre dos cronologías antagónicas y hostiles que, sin embargo, esgrimen simultáneamente un mismo instrumento: la acción directa, la violencia. Y el cerco se le hace más férreo aún, porque la generación anterior a ella, la del 30, se aferra todavía desesperadamente a su vigencia, mientras que la que viene de abajo asciende con ímpetu prematuro y precoz, pero con voluntad de llegar pronto y decisivamente. Lo cual quiere decir que el curso normal del proceso generacional está en riesgo de ser profunda y radicalmente trastornado, que hay una generación en peligro de ser barrida y dispersada antes de haber podido decir su palabra y aportar su mensaje, que a menos de encontrar pronto su propia consigna, su raíz y su tesis, la generación intermedia será mero peldaño para el talón vigoroso de los adolescentes rampantes. Y ello es mucho más grave aún, porque en el cuadro actual cubano la generación atrapada es la que parece más capaz para encauzar la tremenda lucha que nos agita y salvar a la nación del caos indefinido. Y ello por simples razones de formación y carácter. Veamos, si no, el esbozo ideológico de las tres generaciones.

LA GENERACION DEL TREINTA

No cabe aquí, en la brevedad de un artículo, hacer un balance perentorio de la generación del 30. Bástenos decir que está ahí y que aún manda. Y el mandar es un hecho social de soberana importancia. Recuérdese que las energías de esta generación corrieron y que corren por dos grandes vertientes: una civil, de retórica revolucionaria y congénita indisciplina, y otra militar, práctica, proclive siempre a la mano dura y la represión ordenadora. Estas dos facetas de la generación del 30 desde hace casi tres décadas detentan el poder alternativamente, aun hoy, por encima de las nuevas fuerzas emergentes, se obstinan en contemplarse como los únicos posibles contendientes. De ahí que ya alguien haya dicho con frase feliz, que no debe lucharse contra el 10 de marzo para volver al 9 de marzo, es decir, para restaurar el reverso de la misma generación. Tanto Carlos Prío Socarrás y su gobierno auténtico, derrocados en marzo de 1957, como Fulgencio Batista, erigido desde entonces en dictador, pertenecen a la generación del 30. Ambos están en el exilio.

Se nos impone, sin embargo, un juicio sintético sobre la generación del 30, que ha de servirnos para explicar muchas cosas. Aparte de sus realizaciones indudables, acreedoras de análisis más detenido, el balance final que emana de la colectividad frente a la generación del 30 es la defraudación. En última instancia, su hacer no respondió a su decir. Cuando sobrevino el 10 de marzo, las dos tendencias de la treintena habían perdido ya toda su mística y su resonancia, y habían sufrido un hondo proceso de desprestigio público: los que cayeron, porque ya nadie confiaba en ellos; los que reaparecían, utilizando la madrugada y la fuerza, porque ya habían demostrado previamente lo que podían dar de sí. El 10 de marzo trajo muchas cosas viejas que no eran buenas y algunas cosas nuevas que son muy malas.

LA GENERACION ATRAPADA

Para el segundo grupo humano, integrado por los individuos que afloraron a la vida nacional en una Cuba constitucional (1940-1952) y, en cierta medida, sin graves conflictos internos, la primera reacción frente al 10 de marzo fue de estupor e incredulidad. Formábamos el primer grupo criollo que no había luchado contra Machado: que trabajaba y estudiaba en la confianza de que el proceso político de Cuba, con menesteres y quebrantos, pero firmemente, avanzaba hacia la madurez, que habíamos dejado atrás, para la invalidez de la historia, las dictaduras sangrientas y las luchas fratricidas. Por eso también el 10 de marzo trajo mucho de dolor, dolor hondo e inexpresable, como de patria rota e ilusión quebrada. Pero entonces, ¿cómo se explica que este conglomerado social, radicalmente antidictatorial, no tomara ninguna acción definida contra el nuevo orden? ¿Por qué hubo de esperarse la emersión de una nueva hornada para que se expandiera por los ámbitos nacionales una innegable voluntad de rebeldía? Dos son, a mi juicio, las razones principales. La primera, y esto es muy importante, porque siempre las primeras consignas de acción, los ejemplos que galvanizan a una generación, se los brindan algunas figuras de la generación anterior, y al ocurrir el 10 de marzo, por el proceso de desprestigio ya señalado, ninguna de las figuras de la generación del 30 era capaz de despertar la fe y el entusiasmo necesario para que su gesto movilizara a la generación más joven. Así, súbitamente despertada de su sueño constitucional, la segunda generación se encontró desamparada y sin mando: dentro de ella aún no habían madurado figuras de talla para imponer direcciones; fuera de ella no había nadie a quien otorgar un generoso crédito de confianza y obediencia. Poco a poco, a medida que los meses despejaban toda la cruda realidad implantada, esta colectividad cronológica fue cerrando filas y adoptando posturas; de su masa innominada empezaron a destacarse líderes y consignas. Con lo cual se le obvió a la generación juvenil emergente tras ella, el desconcierto inicial que ella había sufrido: los jóvenes que arribaron a la edad de la preocupación con posterioridad a 1952, encontraron un repertorio de direcciones y guías que les ayudaron a encauzar su postura, aun cuando no compartieron la dirección o el liderazgo, porque, en cierto modo, rechazar un rumbo obliga siempre a definir la propia ruta. Ésa es la causa radical del acento unánime que se nota en la generación adolescente.

La otra razón de la inmovilidad inicial del segundo grupo frente a la subversión de poderes, lo fue su propia estructura de carácter. Crecida en un ambiente de normalidad constitucional, la generación del 40 ni conocía ni tendía a la violencia; la conspiración y la lucha armada permanecieron ausentes de su horizonte vital en los años de formación. De ahí que no le fuera fácil alterar el rumbo y aceptar como inevitables la ilegalidad del orden y la legalidad del desorden. La generación del 40 gravita mayoritariamente hacia un orden constitucional saludable y permanente. Y, precisamente, en esa reserva de juridicidad, en esa tendencia latente a la legalidad institucional, me parece ver el aporte y la misión esencial de esta generación. Porque a la república se le abren hacia el porvenir caminos preñados de alteraciones y desórdenes, porque el impacto en las mentes adolescentes de años de combates y terror es un peligroso germen de violencia futura; y porque en ese camino riesgoso de la patria harán falta, en su momento, raíces educacionales y caracteres equilibrados que impongan la firme voluntad de restablecer el sosiego colectivo que todos añoramos.

De estas voluntades, y de las notas sobre la tercera generación, hablaremos, de ser posible, en un próximo artículo.

("Carteles", 2 de marzo de 1598)

SACRIFICIO Y DEBER DE UNA GENERACIÓN

De las tres vetas humanas que serpentean en la masa nacional: la generación del treinta (de los cuarenta y cinco años a los sesenta, aproximadamente); la generación intermedia (de los treinta a los cuarenta y cinco años, más o menos) y la emergente (de los quince a los treinta años), es esta última la que en estos momentos tiene angustiada y tensa la conciencia colectiva. Estos adolescentes cuyos nombres sólo afloran en los periódicos bajo una orla trágica, ese conjunto anónimo y juvenil que está viviendo y sufriendo en primera línea la dura realidad política, presiona de tal modo nuestro presente *que ya damos por descontado que su irrupción violenta en el panorama nacional será el acontecimiento más decisivo del mañana.* Y como su ética ha de ser la avenida del futuro y sus aspiraciones y voluntad la fuerza moduladora del porvenir, como tantas cosas penden y dependen de lo recto o torcido que crezca esa generación, hay una pregunta cargada de zozobra e inquietud que en estos momentos estremece a todos los sectores e inclina las cabezas hacia graves meditaciones... ¿Hasta cuándo va a continuar la siega inmisericorde de vidas nuevas, la cerrazón de las escuelas, la juventud desviada de su normal hacer?, ¿cuál será la impronta que dejen en tantos caracteres inmaduros estos años de violencia?, ¿qué visión del mundo adquirirán estos muchachos agitados en sus años de formación por vientos de pasión y de lucha?

Y en el fondo, tras la angustia, poniéndole sordina a nuestra admiración por el coraje juvenil, vaga el recuerdo pesaroso de otra generación armada que también se irguió contra la opresión política en gesto gallardo, y terminó manchando su gallardía en medio de la corrupción y del libertinaje.

La pregunta y la angustia, sin embargo, indican por sí solas la existencia de un hecho social de gravísimas consecuencias: que el vínculo entre las generaciones mayores y menores se ha roto, que la madurez rectora ha perdido el control sobre la adolescencia activa y que, ante el naufragio de su autoridad, sólo les resta a los mayores el demandarse ahogadamente por el destino de esas fuerzas impetuosas que ya no aciertan a dirigir. Esta bifurcación de caminos, este desacuerdo cronológico que ha replegado a la juventud hacia líderes nuevos cuyos gestos es capaz de comprender y seguir, es lo que hace tan difícil e intrincado el camino de las soluciones políticas. *Porque lo cierto es que en el momento actual, la voz de la mayor parte de las figuras nacionales resbala y no penetra en las nuevas generaciones, cuya mirada pasa por encima de ellas, hacia metas y objetivos que sólo ellas parecen conocer.*

Ahora bien, que en una sociedad pueda darse el caso de una juventud no sólo sin mando, sino mandando, no sólo libre de imposiciones, sino imponiéndose al resto, implica una subversión tan radical, un fracaso colectivo de tal magnitud, que su mera posibilidad fuerza a reflexionar sobre sus causas y consecuencias, sobre la manera de rescatar los controles y restablecer el equilibrio generacional. Porque, entre otras cosas, de tal situación peligrosa brotaría esta sobrecogedora consecuencia: las soluciones que aplica toda generación al llegar a mandar se forjan con lo que dicha generación ha aprendido y experimentado en su largo proceso de maduración, y como esta juventud combativa no ha tenido tiempo de aprender, sino de luchar, como va a arribar al puente de mando prematuramente, sin más experiencia que su propia batalla y luego de haber descalificado a los otros grupos mayores que, a su entender, no la asistieron suficientemente en la lucha; a la hora de enfrentarse con los hondos y viejos problemas nacionales sólo encontrarán en su repertorio de soluciones su fórmula de heroísmo, su método de acción, su capacidad de violencia. *Fórmula, método y capacidad que, acreedoras hoy del esttremecido agradecimiento de todos, pueden mañana, en otras circunstancias, cambiar de signo y tornarse negativas, como se torna, a veces, la gota de lluvia fecunda en granizo destructor de cosechas.*

Es por ello que se hace ineludible deber de todos, ahora que ya existe conciencia de la magnitud del peligro, darse prisa en ordenar el país, apoyar el hombro colectivamente para restablecer verdaderas condiciones de normalidad, porque ya no se trata de un mero problema político, por violento que sea, sino que lo que está en precario es todo el futuro político de Cuba, porque las condiciones actuales de la lucha y la dureza del aprendizaje a que está sometida, han puesto a toda una generación en riesgo de perderse, de perderse definitivamente, aunque escape al golpe mortal o la metralla homicida.

Teniendo en cuenta tales alarmantes premisas, me refería, en un artículo anterior, a la reserva de esperanzas que anida en la generación intermedia. Porque es la única que en el momento actual tiene una doble condición específica que la hace idónea para cumplir un gran papel en la historia de Cuba. Primero, no participó en las granujerías y en el desprestigio de la generación del 30. Segundo, tuvo tiempo de formarse y aprender en un ambiente no oscurecido por la violencia feroz o la represión gubernamental. De donde resulta que esta generación, aún limpia y ya formada, que cuenta con héroes y voceros, está llamada, por razones de formación y carácter, a señalar los objetivos y los límites de la lucha actual, a poner las bases jurídicas y doctrinales que han de encauzar el movimiento de renovación que alienta y late en la juventud cubana y, *sobre todo y ante todo, establecer las condiciones sociales y políticas que impidan la repetición de la trayectoria del 30, para que los luchadores de hoy no se conviertan en los opresores del mañana.*

Este deber de clarificación de ideales y de formación de diques doctrinales, para que el impulso generoso de la juventud actual mantenga siempre su capacidad fecundante y no se esterilice en menudos intereses de grupo, es tanto más necesario y urgente cuanto más tiempo pasa sin que, a pesar de la sangre derramada, tengamos todos una idea clara de por qué se está luchando en Cuba. Limitarse a proclamar, al cabo de seis años de crisis, que se está combatiendo a un régimen o a un hombre, me parece de una poquedad desconsoladora y defraudante para el ansia de renovación integral que sacude a la juventud. Es hora de fijar y razonar miras más altas y radicales. Porque un hombre o un régimen político no son sino consecuencias de causas y condiciones profundas de la nación, y es ahí, a la raíz del problema, donde hay que ir a aplicar las soluciones. Lo esencial es luchar por evitar que esas condiciones se repitan, eliminar definitivamente del horizonte cubano las causas que hicieron posible la tragedia que ahora nos conmueve. *Porque de no hacerse así, dentro de dos décadas estarán luchando y muriendo otros jóvenes frente a otros nombres y a un régimen parecido.*

De ahí la necesidad que tiene esta generación, atrapada entre dos convulsiones cronológicas, de planear, estudiar y difundir su doctrina, doctrina de realidades, que entre a fondo en la problemática cubana y muestre y cure viejas raíces venenosas, ancestrales vicios patrios que siguen laborando en lo profundo, bajo la costra política. Tal es, a mi juicio, el deber esencial del grupo intermedio. Porque ahora mismo, en estos días de prueba y dolor, hay voces susurrando que nada va a cambiar en Cuba, que el cubano es inmoral por naturaleza, que estas vidas nuevas germinarán en vicios viejos, que aquí no hay verdadero patriotismo, que, en resumen, esto no lo arregla nadie. De todos nosotros depende el dar un rotundo mentís a tantos pronósticos pesimistas, clamar y reclamar de todos el civismo, la dignidad, la acción y el estudio de la cuestión cubana, *para salvar la paz en esta hora de lucha y contener a los luchadores cuando llegue la hora de la paz.* Sólo así podremos empujar un poco a esta isla tan dotada para la felicidad y tan absurdamente incapaz de conseguirla.

El estudio y realización de ese programa de adecentamiento radical, de reestructuración sustancial de las condiciones sociales y políticas de Cuba, debería ser la divisa de nuestra generación. *Porque es muy doloroso que se haya derramado sangre en Cuba, pero lo trágico e imperdonable sería que se hubiera derramado en vano.*

("Carteles", 16 de marzo de 1958)

EL PREJUICIO RACIAL EN CUBA

En Cuba no hubo nunca odio de razas ni encono étnico. Como en tantos otros pueblos del Caribe, el contacto y la mezcla racial en Cuba suavizó grandemente las relaciones entre blancos y negros. Pero había un prejuicio socarrón, disfrazado, paternalista, que se hacía más difícil de combatir.

Pocos temas habrá, en el conturbado presente nacional, con mayor rango de trascendencia y más urgido de objetividad y comprensión como éste del problema racial. Es válido tratársele, aun en medio de más inmediatas y graves preocupaciones patrias, porque sus dimensiones desbordan la actualidad y pesan al igual sobre el pasado y el futuro de nuestra sociedad. Sin ser cuestión de premiosa disyuntiva, puede afirmarse con amplio margen de certeza que de la forma eficaz en que lo planteemos y solucionemos va a depender en gran medida la estabilidad colectiva del pueblo cubano.

Desgraciadamente, la manera usual de abordar la cuestión suele ser de una lastimosa ineficacia, o se inunda el asunto de demagogia estridente que busca ventajosa postura, o se le nubla de timidez y cautela tales que el problema se esfuma en cuestión secundaria y casi inexistente. Bajo estas dos manifestaciones infecundas se extiende la muda opinión de la mayoría: más vale no tocar el tema, dejar las cosas como están para que ellas solas encuentren tolerable acomodo y no se le despierten las irritadas pasiones que le duermen adentro. Para este último tipo de persona, mencionar el conflicto racial es provocarlo, abandonarlo al silencio la mejor manera de resolverlo. A fin de cuentas, se razona, fuera del marco vago y teórico de la justicia social, donde todo el mundo puede lucir su generosidad de espíritu, en la práctica, como cuestión inmediata, ¿qué puede importarle al blanco la no equiparación del negro?, ¿por qué ha de hacerse colectiva la angustia de una minoría?

Si no se quiere, por tanto, que el análisis de la cuestión resbale por sobre la indiferencia de la mayoría, se hace preciso comenzar por quebrar ese razonamiento y mostrar cómo en una colectividad interesa a todos sus miembros, no sólo a los afectados por el desajuste, el suprimir una causa perenne de disturbio y el nivelar una carga de injusticia que desequilibra y entorpece el desenvolvimiento común. Cómo es vital para toda nación que aspire al pleno desarrollo de sus posibilidades el esforzarse por armonizar cualquier peligroso antagonismo interno, ya sea de índole política, religiosa o racial. Y para ello no hay que acudir a pruritos de nobleza, ni a cálidos discursos de confraternidad y amor, sino a razones muy concretas y reales que pesan y hieren como pedruscos. Como los alpinistas que trepan a uña y pico la cuesta pavorosa, los integrantes de un pueblo, enlazados por un destino común, no pueden descuidar al último de sus miembros: un tropiezo allá abajo puede poner en peligro la marcha ascendente de todos.

¿Cómo es posible, por ejemplo, que no se caiga en la cuenta, sobre todo en estos momentos en que se yergue en el medio cubano una voluntad de regeneración, de la tremenda contradicción que implica el hablar, el soñar o el luchar por el futuro en el cual el pueblo pueda seleccionar sus gobernantes, y al mismo tiempo dejar a una gran masa de ciudadanos sin voluntad ni capacidad para elegir o repudiar con un mínimo de acierto a los que aspiran a regir a la comunidad? ¿Cómo podrá funcionar ni ahora ni nunca el delicado organismo democrático si no hay una enorme cantidad de compatriotas nominales que no ven en dicho organismo el medio idóneo para satisfacer añejas y legítimas aspiraciones?... Mientras esa situación persista, en tanto haya una masa nacional que se sienta desvinculada y ajena a una sociedad que la menosprecia colectivamente y le mide el mérito personal por el color epidérmico, habrá siempre una cantera propicia para que el político corruptor, o el demagogo mendaz, o el consejero interesado, hagan caudal óptimo con la ignorancia y el resentimiento de esa masa... ¿Y cómo pedirle al negro honestidad cívica o galvanización patriótica; sacrificio animoso o conciencia avizora para optar por los que hagan de la política una vocación y no una profesión, si el usufructo de ese sacrificio y de ese esfuerzo sabe él que va a quedarse mayormente en manos ajenas?

Llevada la cuestión a sus últimos extremos lógicos, no hay alternativa posible: cuando en una nación existe una minoría (minoría masiva en el caso de Cuba) marginada y subalterna, pero actuante, o se adopta la brutal sinceridad de los nazis y se la elimina radical y definitivamente del cuerpo nacional (fórmula de máxima eficacia y de sonrojo máximo para la humanidad) o se la educa y mejora y propicia para que entre a formar parte real y sinceramente del quehacer nacional. Y si no se hace ni una cosa ni la otra, si se pretende vivir o convivir a media luz, viendo sólo la mitad conveniente de la realidad, entonces ese quehacer nacional andará siempre dando tumbos y apoyándose en apariencias, sin encontrar el vigor necesario para que la conciencia ciudadana y la convivencia digna le prosperen saludable e indeclinablemente.

Gastado por el uso, pero aún válido, como vieja moneda, nos llega el axioma político: "El pueblo es el soberano, eduquemos al soberano". Lo cual quiere decir, desde luego, educar íntegramente al soberano, no únicamente a su porción más blanca.

Pero lo más azorante y trágico de la problemática racial estriba en que esta premisa iluminadora, que deshace la tesis en que se apoya la mayoría para darles las espaldas a los quebrantos de la minoría prejuiciada y que demuestra la solidaridad del riesgo, apenas expuesta recibe asentimiento y conformidad general. Casi todo el mundo está de acuerdo en la sinrazón del fenómeno, en la injusticia latente en el mismo y en la peligrosidad de su mantenimiento... Y entonces, ¿qué es lo que se opone a que ese criterio casi unánime y esa concesión teórica se traduzcan en un paso de avance, en un esfuerzo colectivo por reducir las diferencias...? A ello se opone un formidable antagonista, una cosa misteriosa, vaga, pero de fuerza tremenda, quebradero de antropólogos y filósofos, que es denomina el prejuicio, en este caso específico, el prejuicio racial. Ya veremos más tarde cómo este concepto del prejuicio está teñido de valoraciones económicas, pero por ahora vamos a clarificarle un poco el sentido.

ANÁLISIS DEL CONCEPTO

Razonar sobre un prejuicio es cabalmente adoptar la postura más contraria a su significación, porque, precisamente, la esencia del prejuicio es su irracionalidad, su carácter inferior y desafiante frente al argumento juicioso. Estamos prejuiciados contra algo cuando oponemos a todos los razonamientos y a todas las pruebas en pro de ese algo, una actitud de negación agresiva, un rechazo oscuro y primario que invalida y destruye toda posibilidad de convencernos. En su sentido negativo (porque también hay prejuicios favorables y positivos), el prejuicio se basa en algunas ideas simples y preconcebidas que nos permiten inferiorizar a una persona o grupo de personas en tal forma que la repulsa hacia esas personas sobrevive a la demostración de que las ideas básicas y originarias que le dieron fundamento son falsas y absurdas.

Era usual en la Alemania nazi, es usual en el sur de los Estados Unidos, el encontrar personas que, arrinconadas por la multiplicidad de pruebas y razonamientos que demuestran la vacuidad de la actitud anti-judaica o anti-negra, terminan por quebrar la discusión con un exabrupto irracional: "Sí, todo eso está muy bien, son iguales a nosotros, ¡pero que no se me sienten al lado!" Esa cerrazón espiritual, esa condena del prójimo, implica un descenso por debajo del nivel de la razón humana hacia las oscuras regiones del subconsciente y la emotividad.

Una de las consecuencias más temibles de este *descensus ad inferos* es que, siguiendo un curso conocido e implacable, el prejuicio suele acabar por justificarse a sí mismo, llega a crear por su propio impulso una situación que le sirve de apoyo y alimento. Como el viejo fuego de Heráclito, el prejuicio crece nutriéndose de su misma existencia. Y es que cuando en una comunidad una minoría es considerada inferior por el resto de la población, lo usual es que esa misma convicción colectiva termine por cerrarle los caminos de superación y por bloquearle la posibilidad de ascenso. Y luego, su permanencia a través de los años en esa situación subordinada parece, precisamente, justificar la impresión de su inferioridad. Impedida de desarrollarse por el prejuicio, su falta de desarrollo se convierte en el argumento preferido de los que la prejuician. Así, por ejemplo, hay quien discrimina al negro por su falta de educación, y es la propia condición de discriminado la que priva al negro de adquirir la educación necesaria para saltar fuera de ese férreo círculo vicioso.

Pero el análisis del prejuicio racial, por más raudo que sea, muestra una condición intrínseca, además de esas dotes de irracionalidad y simplificación que tan difícil hacen la faena de erradicación, la cual permite afincar la esperanza de superación, ello es, que el prejuicio no nace con el individuo, no forma parte del repertorio de instintos con que nos dota la vida, no es una inevitable inclinación biológica, sino que, todo lo contrario, se asimila, se inculca y se aprende en el ámbito social que nos rodea. El niño se abre a la existencia sin prejuicios raciales, presto y pronto a volcar su cariño y su respeto hacia las personas que lo rodean, sean del color que sean. Es la sociedad en la que crece la que pronto le va mostrando y definiendo en forma sutil pero imperiosa las fronteras estimativas, las diferencias entre su grupo o su clase y las demás, los conceptos primarios de superioridad e inferioridad.

El dato anterior nos permite concentrar las fuerzas en la verdadera raíz del problema. Por muy irritantes que sean las manifestaciones del prejuicio racial, todo el vigor de la lucha debe encauzarse sobre el sistema de aprendizaje, sobre las condiciones sociales que hacen posible su propagación y permanencia para privársele así de toda su fuerza de futuro.

En lo que al prejuicio racial se refiere, una de las innumerables pruebas de esa conclusión lo es la propia historia de Alemania. En 1925, el sentimiento antisemita alemán se reducía a escasos círculos y minúsculas manifestaciones. Luego vinieron los nazis y desplegaron sus banderas y sus antorchas y sus mítines monstruosos, y machacaron el odio al judío en tal forma y con tal intensidad que al cabo de una década un joven alemán no podía oír sin estremecerse la mención de algo judío, el odio le era ya una reacción pavloviana, una reacción refleja a un estímulo reiterado. Desaparecidas las condiciones sociales que actuaban sobre las conciencias alemanas, silenciado el redoble de los tambores estatales que machacaban la propaganda antijudaica, el prejuicio racial contra los hebreos ha pasado a ser una página negra y vencida en la historia de Alemania. Hoy, el estreno del "Diario de Ana Frank" en Berlín sólo provocó una reacción de estupefacción dolorosa, de desgarramiento culpable ante la evidencia del crimen colectivo que se había cometido.

De ahí que sea sumamente conveniente, si queremos iniciar un asalto serio contra el prejuicio racial, el comenzar por rodearlo para indagarle el pasado, el descubrir cómo y por qué aprendimos a menospreciar al negro y en general a las razas no blancas, cuáles fueron las vías por las cuales se nos trasfundió en las conciencias ese orgullo racial y esa tendencia desdeñosa. Porque ahora empezamos a barruntar que ni siempre se juzgó así a las demás razas, ni es inevitable que nuestros hijos incidan en el mismo prejuicio. Resultará sumamente aleccionador el repasar la serie de curiosas circunstancias históricas que dieron origen y vuelo a la doctrina de la superioridad blanca; tal proceso nos ayudará a comprender, entre otras cosas, cómo es la propia circunstancia histórica de la actualidad la que hace absurdo y suicida el aferrarse a tal mentada superioridad.

A fin de cuentas, comprender un proceso es la mejor manera de alcanzar un resultado.

("Carteles", 12 de octubre de 1958)

LA REVOLUCIÓN
1959 - 1960

SALUDO A SANTIAGO DE CUBA

Enclavada en el corazón de la Sierra Maestra, Santiago de Cuba fue la ciudad-trinchera de las fuerzas rebeldes desde el mismo 26 de julio de 1953, cuando sus calles se sacudieron con los balazos del ataque al Cuartel Moncada.

> *¡Arpa de troncos vivos, caimán, flor de tabaco!*
> *Iré a Santiago.*
> *Siempre dije que yo iría a Santiago*
> *en un coche de agua negra...*
>
> FEDERICO GARCÍA LORCA

Hay lugares y personas en las cuales se da como una gravitación hacia un destino alzado, como una inclinación hacia la fama. Hay hombres que parecen haber nacido para mandar o para crear; hay sitios que parecen preferidos por la historia, lugares donde una y otra vez los acontecimientos se llenan de significación y trascendencia. Santiago de Cuba, que marca en la historia el punto crucial donde se inició y concluyó el gran imperio colonial español, cuyas aguas se abrieron ante las proas ascensionales de Cortés y se cerraron sobre las menesterosas naves de Cervera, que fue y ha sido cuna de rebeldías, madre de patriotas, donadora de ejemplos, ha cumplido en nuestros días, una vez más, su destino.

"Cuando esta nube oscura y tempestuosa empañaba el azul del cielo de Cuba, el astro de la libertad lanzaba un rayo de su luz brillante sobre las altas cumbres del Turquino y anunciaba desterrar las tinieblas en que habían sumido a la Isla..." Así, con estas actualísimas palabras, comenzaba el historiador Guiteras, hace casi un siglo, el relato de la lucha de Santiago de Cuba contra el General Tacón y en pro de la reforma constitucional en 1835. Podría transcribirse literalmente la frase para iniciar la historia de Santiago de Cuba bajo la dictadura de Batista.

Para los que allí vivimos muchos años, y aprendimos a amar sus ruidos y su gente, sus calles estrechas y su ancha hospitalidad, y luego retornábamos a menudo, era bien visible cómo poco a poco se iba endureciendo el rostro de la ciudad frente al gobierno. Primero fue la sorpresa del 26 de Julio y el ataque al Moncada, cuando la ciudadanía, sin saber apenas lo que estaba ocurriendo, se mantuvo expectante hasta que, a medida que iba conociendo la ferocidad de la represión inmisericorde y sangrante, la población se fue lanzando decididamente al amparo y protección de los fugitivos. Ello constituía una definición frente al régimen. Después del 26 de Julio, Santiago de Cuba fue considerada una ciudad hostil hacia Batista. Para domeñar esa hostilidad, el gobierno lo ensayó todo, desde la mano dura de Chaviano, hasta la suave diplomacia de Díaz Tamayo, para caer al final en la barbarie ilimitada de Salas Cañizares y la impune criminalidad de los "tigres" de Masferrer. Todos ellos fallaron. Frente a la opresión, Santiago se mantuvo reservado y ausente, bajo la opresión pasó de la hostilidad a la lucha abierta, a la repulsa unánime, a la firme colaboración revolucionaria. Ni el terror, ni los crímenes, ni las vejaciones y amenazas, consiguieron otra cosa que acelerarle la voluntad de resistencia. Santiago de Cuba, ocupada por un ejército enemigo, luchó con todas las armas: con el vacío de sus calles, con la cerrazón de sus comercios, con los atentados a los esbirros, con las manifestaciones audaces. En los últimos meses, cuando al caer la noche parecía que la ciudad moría, el silencio era tan ominoso y sombrío que las fuerzas opresivas no se atrevían a deambular por sus calles desiertas sino en grupo y velozmente. Dentro de las casas, en susurros y estremecimientos, la población vibraba con las noticias de la Sierra, trenzaba conjuras y enviaba toda clase de auxilios. El ejército se sentía odiado y espiado por las puertas cerradas y las ventanas herméticas.

Hubo un tiempo, durante los primeros meses del desembarco fidelista, en que llegó a parecer que la lucha era de una ciudad contra un régimen. Santiago de Cuba se sentía sola, se sabía heroicamente sola. En el resto de la isla, la combatividad era de grupos aislados, de organizaciones clandestinas; sólo en Santiago la lucha era masiva, general y unánime, sólo allí bastaba ser ciudadano para ser considerado enemigo de la dictadura. De ahí el parpadeo doloroso de los santiagueros cuando, al salir de su trinchera, se encontraban con que las demás ciudades vivían bajo una apariencia de normalidad.

Hubo, desde luego, voces que trataron de empequeñecer el mérito de los santiagueros aduciendo que la proximidad de la Sierra los había condenado a soportar el problema. Se olvidaban los maldicentes que Santiago no se limitaba a encerrarse en su recinto y soportar, sino que se lanzaba fuera a pelear por su derecho. A la menor oportunidad, a la primera señal de huelga, al más leve síntoma de acción nacional, Santiago respondía globalmente. Y a veces, sin necesidad de estímulos exteriores, la población asombraba a la nación desfilando en masa bajo el odio de las fuerzas armadas para ir a enterrar a Frank País, o enfrentándose a las mangueras y a los golpes para que el inocuo embajador americano tuviera una visión exacta de lo que estaban sufriendo.

La actitud era tan radical y tan firme que corría por todas las capas sociales. Vista Alegre, el barrio mejor, era considerado foco y nido de revolucionarios, pero Martí y Trocha supieron responder en su momento, y aun las clases más menesterosas de Santiago tienen en su haber que cuando las enloquecidas huestes de Masferrer y Salas Cañizares los azuzaron contra los elementos pudientes y les hincaron el odio racial, se mantuvieron firmes y serenos y se negaron a explotar la vil y dorada oportunidad que se les ofrecía. Y habrá que dedicar un capítulo aparte a la impagable labor de las mujeres santiagueras; mujeres que fueron alma, vida, protección y aliento de la revolución. Como reconoció con los dientes apretados un alto oficial del ejército: "Para neutralizar a Santiago de Cuba hay que matar a todos los santiagueros."

Yo no sé si el nuevo gobierno habrá de pagar la enorme deuda que tenemos todos los cubanos con Santiago de Cuba. No sé si ahora se repararán todas las viejas injusticias que el asfixiante centralismo de la capital ha producido en Oriente. No sé si esta Habana, tan jubilosa en la victoria como frívola en la lucha, habrá de volver una vez más las espaldas a ese campo fecundo que le ha devuelto la libertad, pero sí sé que con serena dignidad, sin exageraciones ni estridencias, frente al Cuartel Moncada de Santiago de Cuba, en el arranque de la carretera central que viene hacia Occidente, los santiagueros, siguiendo un ilustre ejemplo, podrían poner un letrero de bronce que dijera: "Pasajero, ve y di a la capital, que allí se disfruta de libertad porque aquí supimos cumplir con nuestro deber."

Por mi parte, yo le deseo a Santiago, a mi querido Santiago, que vuelva pronto a ser lo que era antes, que recobre su ritmo económico ascendente, su eterna alegría de vivir y torne a ostentar, dentro de sus montañas heroicas, lo que fue siempre su más preclara característica: el ser la ciudad de los brazos abiertos.

("Carteles", 13 de enero de 1959)

RIESGOS Y DEBERES DE LA REVOLUCIÓN

Los bravos barbudos de Aníbal entraron en Capua, y Capua los recibió como libertadores. Las mujeres de helénicas costumbres entornaron los párpados ante los guerreros y los hombres les palmotearon las espaldas. Los bravos barbudos, que venían de la agreste Iberia, vieron y sintieron lo que antes nunca habían imaginado, y el halago intenso y extenso les debilitó el ánimo generoso y la voluntad reivindicadora. Después de Capua, los soldados de Aníbal no fueron los mismos.

La Habana es una ciudad grande y alegre que sabe festejar hermosamente a quien se lo merece. Pero los festejos tienen sus riesgos. La revolución ha venido del campo y la victoria la han hecho posible sencillos muchachos de pueblos pequeños, guerreros admirables sin ínfulas de libertadores. Pasada la primera alegría natural y espontánea, hay que precaverlos y protegerlos, a ellos y a sus líderes, de las sonrisas perpetuamente melosas, de los espinazos propensos a inclinarse frente a todo el que llegue al poder, del elogio excesivo e interesado tras el cual se transparece la aspiración burocrática, de los que creen que el heroísmo se imparte o se comparte con un brazalete confeccionado a última hora; en fin, de todos los peligros de Capua.

Hay que extenuarse gritando o escribiendo que derribar un régimen no es hacer una revolución: casos se han dado en la Historia de revoluciones nacionales profundas (la inglesa, por ejemplo) sin cambios de régimen, y de regímenes caídos sin cambios de sistema. Los males de Cuba, radicales y hondos, no se aventan con la costra batistiana; son muchos años de corrupción e inmoralidad privada y pública, es tremendo el desbarajuste de nuestras instituciones educacionales, graves y alarmantes los desajustes económicos y los desenfrenos legislativos que han sembrado el caos y la inseguridad en todos los aspectos.

Enfrentarse con toda esa oleada de problemas es el deber y la tarea fundamental de la revolución, y para ello se requiere voluntad de sacrificio, ánimo de estudio, cooperación de todos y serenidad en las resoluciones. Los revolucionarios tienen que luchar a un tiempo contra los arribistas que los asaltan desde afuera y que pueden corromperlos, y contra los que desde adentro les vociferan medidas radicales e inconsultas. Ser extremoso y apresurado no es ser revolucionario, aunque lo parezca; destruir y desencajar las instituciones es la parte más fácil e infecunda de la revolución. Su aspecto positivo y durable, su convalidación histórica, la traen las medidas que se tomen para establecer un orden más justo, para hacer desaparecer viejas injusticias, para sentar las bases de una nueva estructura social más capaz e idónea frente a las aspiraciones y necesidades de la nación. Y nada de eso puede hacerse si se permite la filtración de elementos acomodaticios y negativos, hábiles en plegarse y trepar bajo cualquier circunstancia, o si se salta sobre los problemas sin previo estudio ni reflexión primaria. Todos los gobiernos hispanoamericanos, revolucionarios o institucionales, deberían recordar el sabio consejo de Oncken, el historiador alemán, referido a los aspectos culturales: "Los pueblos de Hispanoamérica han de aprender que no se puede progresar por decreto".

Ni el analfabetismo ni el desempleo pueden tratar de solucionarse al galope, de un solo disparo legislativo o mediante la promulgación de medidas precipitadas que requieran dentro de poco rectificaciones y parches. La Revolución está en el poder. Su misión fundamental consiste en utilizar ese poder para que el nuevo orden surja tan firme y logrado que haga innecesarias las revoluciones futuras.

(Periódico "Revolución", 2 de marzo de 1959)

LA FE EN CUBA Y LA INTERPRETACIÓN POSITIVA DE SU HISTORIA

De todos los frutos que despuntan tras el fecundo turbión revolucionario, hay uno primicial, el más invisible e impalpable, que, en caso de madurar plenamente, ha de ser el de más alta calidad nutricia para los compatriotas del futuro: la revitalización de la fe de los cubanos en Cuba. Y hablo de mero brote y asomo y no de plena sazón, porque a pesar del triunfo inverosímil de las fuerzas más sanas del país contra lo que parecía ser corrupción radical e inextirpable, aún hay mucho escepticismo larvado, mucho pesimismo expectante que, replegado ahora por el ímpetu de la victoria, aguarda los primeros inevitables tropiezos, las naturales equivocaciones iniciales, para retomar el viejo treno de nuestra incapacidad como pueblo y proclamar que eso del idealismo y la honestidad política sigue siendo fuego artificial de las alturas, porque aquí abajo, inter humanos, nada ha cambiado en las motivaciones. De ahí la enorme responsabilidad que gravita sobre los actuales dirigentes de la cosa pública: han erguido una oleada de esperanzas, han rubricado con la acción su fe en los destinos de Cuba y, por tanto, se exige de ellos no sólo que lo hagan bien, sino que lo hagan rápidamente; no sólo que rectifiquen errores, sino que no se equivoquen nunca; no sólo que sean honestos, sino que brillen inmaculados.

Basta que en un Ministerio, donde se está tratando de instaurar un orden dentro del viejo desorden, quede intocado un funcionario del antiguo régimen, es suficiente que algún nombramiento caiga en una persona no revolucionaria, para que empiece a deslizarse la acusación de favoritismo, de parcialidad sospechosa, de por qué a Fulano sí y a Mengano no. Si, por otro lado, en alguna dependencia estatal la Revolución entra a saco y depura a rape la burocracia, entonces se comenta que se está violando el derecho de los empleados eficientes y que se va a entorpecer y paralizar la maquinaria del Estado. Por bogar o por dejar de hacerlo, siempre hay gente dispuesta a negar las buenas intenciones y a establecer paralelismos peyorativos con viejas frustraciones del pasado. Y es que en el fondo se trata de eso, de apoyarse en añejas convicciones apocadas para rechazar la posibilidad de que se está creando una nueva estructura espiritual o dudar de nuestra capacidad como nación con ansias de verticalidad.

Olvidan inicialmente los dados a la crítica fácil, los predispuestos a la condena antes que a la esperanza, y acaso también lamentablemente lo olvidan algunos sectores revolucionarios, que cuando un barco recibe de lleno el ímpetu de una tormenta, lo importante no es detenerse a dilucidar si sus oficiales saben o no saben navegar, lo único importante es que si no se navega todos se van al fondo y que, por tanto, como de las manos que están aferradas al timón pende la suerte colectiva, lo esencial es ayudar a salir de la borrasca, cooperar con el grito de aviso o la palabra de aliento, con el cumplimiento eficaz de la tarea a cada cual encomendada a que la nave entre por fin en aguas de mayor bonanza.

Pero para el estudioso de la cosa cubana lo interesante es destacar el origen de esa proclividad colectiva a la crítica inmisericorde y a la negación primaria. Porque conviene destacar que ello no se debe, como parecen suponer algunos, a intenciones malignas o a tendencias contrarrevolucionarias *(la contrarrevolución es un fantasma que agitan todas las revoluciones para justificar medidas extremas)*. Aunque de todo hay, la mayor parte de tales juicios emana de una visión distorsionada que padecemos la mayor parte de los cubanos al enfocar nuestra historia y nuestro carácter. Y esa visión distorsionada que urge rectificar, se nos ha vuelto siempre descreimiento y censura de nosotros mismos.

Es difícil encontrar un pueblo más propenso a juzgarse mal que el pueblo cubano. Nosotros hemos celebrado siempre la burla sangrienta o rebajadora de todo lo que hemos tenido de más respetable o respetado, dimos en flagelarnos el prestigio con las más negativas convicciones y gustamos de la extraña voluptuosidad de zaherirnos. De ahí la invención de un vocablo, "el cubaneo", para definir borrosamente el relajamiento que sufren entre nosotros los más rígidos principios, o la dogmatización de afirmaciones tan vacías de sentido como ésas de que "el cubano es jugador" o "el cubano es charlatán", la repetición incesante de que éste es un país de relajo y la elevación a la categoría de virtud nacional de la fácil habilidad para el provecho ilícito, la célebre "viveza" criolla. A pesar de todo, bajo la superficie de tantas negaciones se ha transparentado en todo tiempo un fondo enorme de amargura, una íntima herida colectiva. Más aún, el ojo sagaz percibía más abajo un perpetuo anhelo de ilusiones, un pozo de fe comprimida por la circunstancia adversa, presta a saltar fuera, con ímpetu de torrente, apenas una voluntad limpia horadara la corteza y le abriera un escape a la esperanza.

No es sólito ni casual, sin embargo, que un pueblo finja desdeñarse o cante su propio rebajamiento: la anomalía ha de tener causas operantes. Hay quien dice, y le asisten parciales razones, que el fenómeno se debe a las reiteradas frustraciones históricas que ha sufrido nuestro pueblo, pero un examen más detenido permite rechazar la hipótesis. Quebrantos, frustraciones y desastres han padecido todas las naciones, sin que por ello les brote el ambiente disociador que ha reinado entre nosotros. Y es que se trata de algo más que eso. Como dijimos anteriormente, se trata de una visión distorsionada y pesimista que tenemos de nuestros hechos pretéritos. Urge aclarar de inmediato, para mejor entendernos, que los hechos nunca son optimistas o pesimistas, simplemente son; la forma de valorarlos es la única que puede ponerles un cuño positivo o negativo. La interpretación y no la acción es la que traza perfiles exultantes o muecas sombrías. De ahí la soberana razón de la frase con la cual el mariscal Foch deshizo una vez el ambiente de derrota que reinaba entre sus oficiales ante ciertas noticias desastrosas: "Una batalla perdida no es más que una batalla que uno empieza por pensar que ha perdido". Reiterpretando los mismos datos, puede pasarse a una ofensiva victoriosa. Caemos en la cuenta con ello que lo pernicioso en nuestro caso no han sido las amarguras de nuestro proceso histórico, sino la convicción de derrota que ellas nos han sembrado en el alma. La realidad es que hemos confundido el caer con el decaer, que el tropezar nos ha convencido de que somos cojos y, por tanto, incapaces de caminar rectamente, que las frustraciones han sido graves porque nos han nutrido un complejo de inferioridad y nos han empañado el juicio a tal punto que no advertimos los datos alentadores que brillan en ese mismo proceso, el precipitado de esperanza que arroja la síntesis de nuestra historia. Porque si es cierto que muchas veces nuestros mejores y más heroicos esfuerzos parecieron hundirse a la vista misma de los objetivos soñados (la paz de Zanjón, la Enmienda Platt en el 98, la crisis económica de los años veinte, el 4 de Septeimbre de 1933, la tremenda frustración de Grau en 1944, el 10 de Marzo de 1952), lo verdadero y salvador es que esos hundimientos jamás fueron totales, que las más de las veces realizamos amplias porciones del ensueño, que aun en los peores casos la voluntad y el ánimo puestos en la lucha terminaron por transformarse en íntimo vigor y paso de progreso.

El empeño glorioso de los Diez Años, emprendido en las peores condiciones: cuando estaba informe la conciencia cubana y España, desembarazada de su magno imperio continental, podía concentrarse en las provincias sublevadas, se derrumbó en el Zanjón. Pero la larga lucha decidió nuestro destino, nos proporcionó líderes bélicos, nos segregó definitivamente de la historia de España y demostró lo que podía hacerse con medios mejores... La Enmienda Platt fue herida honda. Aliados rapaces se adueñaron del triunfo y le remacharon a la joven república la ominosa amenaza intervencionista. Por ella, con la libertad mediatizada tras el ímprobo esfuerzo, se nos aflojó la confianza en nosotros mismos y nos acostumbramos a gobernarnos sin mucha responsabilidad, mirando siempre a hurtadillas el rostro del Tío Sam, cuyo ceño nos presagiaba tormenta. Pero aun así, el adelanto experimentado fue notorio: a pesar de tener la independencia desmantelada, logramos sacar la nave del angosto recinto colonial y en el mar abierto de una existencia mucho más libre, se nos ofreció la posibilidad de alcanzar el pleno gobierno de nosotros mismos. Los ideales de la generación del 30 fueron entorpecidos y aminorados por el golpe militar del 4 de Septiembre, pero la República emergió de la convulsión libre y renovada, abolida la denigrante Enmienda y con leyes sociales y constitucionales de enorme valor para el futuro. Grau traicionó a todo un pueblo y malbarató la más bella ofrenda de posibildades que le fue ofrecida a gobernante alguno, pero su respeto a la libertad permitió que se empezaran a agrupar fuerzas que exigían y demandaban más honestidad y seriedad en los gobernantes. Prío, en el aspecto institucional, dejó un amplio balance positivo. Y ni siquiera Batista, con su negatividad irreprochable y su hercúlea capacidad para la corrupción y el latrocinio, logró domeñar plenamente el impulso redentor. Surgiendo del subsuelo, apoyándose en el fondo de horror a donde habíamos llegado, retomando viejas banderas y aún más viejos ensueños, los hombres de la Revolución terminaron por expulsarlo a él y a toda su cuadrilla. Tras la dictadura sangrienta, el país parece más impulsado que nunca hacia un futuro de honestidad definitiva y de gobernación responsable.

La Historia de Cuba puede y debe, pues, ser interpretada no como una cadena de frustraciones, sino como el despliegue de una voluntad colectiva de superación que ha vencido los mayores obstáculos; como un anhelo masivo de libertad y progreso que ha desbordado diques y barreras de todo género, que no ha podido ser contenida ni por la intervención extranjera, ni por gobernantes voraces y encanalladores, ni por represiones sangrientas, ni aun por un ambiente negativo y despreciador de lo nuestro, capaz de hacer desfallecer al más acendrado idealista.

Es por ello que insistimos en la gran responsabilidad de

la hora actual. Como los héroes homéricos, los revolucionarios han dado un gran grito de guerra que ha resonado en todos los ámbitos de Cuba y les ha sumado legiones. Su épica victoria ha logrado que por un momento, en una de esas oportunidades que la historia regala parcamente, el futuro se haga dúctil materia en las manos de los gobernantes: hay que apresurarse a modelarlo y a darle los rasgos soñados antes que se endurezca y quiebre los dedos del artista. De ahí que nos preocupemos cada vez que nos parece notar que algún sector revolucionario pierde de vista la urgencia del minuto y concentra sus energías en el pasado de oprobio o se deja enredar por problemas menudos y secundarios. La Revolución ha de marchar sobre las mismas fuerzas que la condujeron al triunfo, pero debe poner proa al futuro a velas desplegadas, con todo un nuevo estilo de vida, pensando en grande, confeccionando las botas sociales y económicas que nos han de hacer andar con zancadas de siete leguas. De esta revolución se espera que emerjan frescas y desembarazadas las fuerzas positivas que desde hace años pugnan en Cuba por brotar plenamente.

Pero de todos nosotros depende el completar la limpieza del ambiente. Que nunca más se nos haga cotidiano el chiste deprimente o la burla inferiorizante de la cosa cubana. Que no crezcan nuestros hijos bajo el comentario perpetuo de que este país no merece ser tomado en serio, que no se arranquen jirones de la patria en la charla íntima o en la discusión callejera y que no se mate el fecundo entusiasmo de la juventud con el rebajamiento de nuestra nación, con la interpretación negativa de nuestra historia, para mostrar el envés repudiable de lo que se consideraba ejemplar.

La alegría sana es una cosa, el sarcasmo sangriento otra. Que nos identifiquemos todos, los que escriben y los que hablan, los maestros y los padres, los luchadores y los pasivos, para hacer amplia y válida y legítima la fe en Cuba, para completar en nuestro círculo íntimo lo que la Revolución ha demostrado en forma amplia. Porque la jornada desintoxicante ha de ser larga y necesita de todos. Hay muchas generaciones viejas heridas por un viejo escepticismo, son muchos los que traen de tierras extrañas un desapego burlón para la cubanía, quedan y quedarán siempre resentidos que han de achacar al carácter criollo su personal e intransferible fracaso. Pero debemos luchar con la soberana ilusión de que, si triunfamos, esta nueva fe en Cuba, que ahora es mero retoño germinal, en el mañana habrá de ser árbol sombroso que depare refugio y aliento a las nuevas generaciones del futuro.

("Carteles", 8 de marzo de 1959)

LA REVOLUCIÓN, LA ECONOMÍA Y LA CONTRARREVOLUCIÓN

Hay algunos sectores nacionales en los cuales las medidas económicas de la Revolución han despertado una cierta alarma, para ser más justos pudiéramos decir que la inquietud la ha producido más el tono con que han venido impuestas que las medidas en sí mismas.

Hipersensible a toda mutación estatal, era natural que el viraje hondo y radical del gobierno revolucionario produjera profundos estremecimientos en nuestra estructura financiera. Los que creyeron que el actual gobierno se iba a limitar a la restauración de la Constitución del 40, los que se olvidan de los viejos y lacerantes desajustes sociales que ha padecido y padece Cuba, se han sobresaltado ante la premura inesperada con la que la Revolución quiere zanjar y cauterizar añejas heridas colectivas. Y entonces hablan de irresponsabilidad y de medidas precipitadas. No se tiene en cuenta, antes de lanzar el juicio y renunciar a la fe, que toda revolución es en esencia aceleramiento e ímpetu, porque de esas tensiones están llenos los hombres que la llevan al triunfo y de que acaso las manos más capaces y acreditadas de este gobierno están en los controles económicos: Pazos, López Fresquet, Cepero, Boti, Carrillo. Preciso es recordarles, por tanto, que no siempre la prisa significa falta de juicio ni la velocidad impremeditación. La Revolución tenía ineludibles compromisos históricos y los quiere cumplir con su tempo normal, que es tempo revolucionario, urgente, ávido de reformas.

No obstante ello, es indudable que algunos pronunciamientos revolucionarios han contribuido al desenfoque de esos sectores con una doble resonancia que, por sus posibilidades negativas, pudieran ser rectificados. La primera es el exceso con que se dispara en todas direcciones el adjetivo de "contrarrevolucionario", como si no cupieran distingos entre la voluntad envenenadora y la limpia intención crítica o disidente. Con lo cual se logra inicialmente, además de silenciar advertencias sinceras, hacerle el juego a los escasísimos elementos que en el momento actual son enemigos de la Revolución. Porque el grito del oligarca destronado o del latifundista desmenuzado es, intrínsecamente, un grito solitario y sin eco. Pero si la Revolución califica y clasifica en esa misma categoría contrarrevolucionaria tanto al abogado que considera arbitraria una actitud, como al arquitecto que pide la revisión de una medida, al pequeño propietario lastimado, al empleado que protesta de su cesantía, al obrero que se excede en su demanda o al periodista que insinúa una advertencia, entonces es la propia Revolución la que le suma aparentes aliados a los resentidos de mala fe, es la propia Revolución la que hace aparecer como enemigos declarados a quienes se siguen considerando sincerísimos aliados, es ella la que los empuja y confunde con un grupo que desprecian y el cual podrá así utilizar el coro que disiente, pero apoya, para disimular su protesta reaccionaria e impopular.

Esta Revolución que ha agrupado a la totalidad del pueblo cubano, que ha estremecido de entusiasmo a individuos de todas las clases y sectores, que con un solo gesto congrega multitudes delirantes, tiene muy, pero muy pocos verdaderos enemigos, y el pueblo los conoce. La Revolución puede, por tanto, abrirse confiadamente al impacto, muchas veces fecundo, de la crítica o la censura, y no tiene por qué sospechar aviesas intenciones en todo el que clame, proteste o aconseje. Hacerse asequible a las advertencias o a los reparos no es dejar de ser revolucionario.

La otra dirección que, a mi juicio, yerra su objetivo, es la perpetua amenaza de un mayor radicalismo económico. Las dos medidas de mayor fibra revolucionaria tomadas hasta el presente: la Reforma Agraria y la Rebaja de Alquileres, son leyes perfectamente justas y defendibles. No hay por qué hacerlas aparecer como las primeras ráfagas de una tormenta que pronto se desencadenará sobre una sola clase. Séase todo lo radical que se quiera o que demanden las circunstancias, quiébrense y rásguense los intereses que se opongan a la reestructuración equitativa de nuestra economía, pero no se deje flotando en el ambiente, tras cada nueva norma revolucionaria, la amenaza indescifrada de medidas aún más drásticas. Porque entonces, las inversiones que se quieren alentar, las nuevas industrias por establecerse, el capital nativo pequeño y grande se encoge y sobrecoge hasta que se diafanice el alcance de las próximas modificaciones que se han limitado a tronar ominosamente de las alturas. Úrgele a la Revolución el presentar su plan íntegro de objetivos económicos, el despejar la extensión y profundidad de su reforma, para que cada ciudadano pueda así adaptarse a sus futuras contingencias y sepa encauzar su actividad dentro del marco estatal que va a construirse. No hay radicalidad tan peligrosa como la que aún no se ha descubierto plenamente y pesa sobre el horizonte como nube preñada de rayos desconocidos. Ninguna medida alarmará tanto como el no saber cuáles han de ser las próximas medidas.

Estoy convencido de que, sean cuales sean los rumbos que señale el gobierno revolucionario, la mayor parte del pueblo cubano está dispuesto a emprender la marcha con el paso vigoroso de quienes tienen confianza en sus dirigentes. Sabemos todos que del triunfo de la Revolución pende el futuro de Cuba y que, al menos esta generación, no ha de volver a tener tan magnífica oportunidad histórica de crear la patria que todos soñamos. De ahí la vibrante voluntad de servicio, el férvido anhelo de que todo marche bien que se siente y se palpa en todos los sectores.

("Prensa Libre", 21 de marzo de 1959)

PROA A LA TORMENTA

No cabe duda que en estos últimos días se han encrespado las aguas nacionales. Pasada la unanimidad artificial de los primeros meses, en los cuales cada ciudadano y cada sector del país alentó su cuota de esperanzas con respecto a las particulares mejoras que la Revolución le traía, despejado ya el rumbo inexorable del nuevo gobierno, hondas fuerzas afectadas se han estremecido y movilízanse amplios sectores económicos: tales agitaciones se asemejan a las nubes bajas que sobre el horizonte permiten barruntar tormenta.

Que toda Revolución, por su misma esencia transformadora, genera y afronta vientos de huracán, es cosa sabida. La mera intención de erradicar un orden de cosas, por muy injusto que éste sea, despierta inevitables reacciones, resistencias y protestas. De ahí que fuera fácil previsión el contar, desde la misma alborada revolucionaria, con la oposición de tenaces aferramientos frente a la irrupción del nuevo sistema de valores... Pero si eso es verdad, no es toda la verdad. No podremos entender cabalmente el cuadro actual si no le sumamos otro dato también cierto. Y es que, a ratos, la Revolución ha lucido como empeñada en crearse tempestades, en arriscar pasiones y concitar resentimientos. Lejos de reducir las protestas a las zonas estrictamente lastimadas por alguna medida, algunos gestos y actitudes revolucionarias han distendido la irritación por ámbitos que debieran ser neutrales.

Esto último se ha debido en gran medida, a juicio mío, a que la Revolución no ha querido, o no ha sabido, adaptar su paso a las diversas circunstancias nacionales por las que ha atravesado. Bravía e indomable en las montañas, al expandirse victoriosamente por toda la isla, la Revolución ha pretendido mantener en el poder el mismo ritmo belicoso de marcha incesante y voluntad de asalto. Sin cuidarse mucho de las radicales diferencias que existen entre el combatir y el gobernar, entre el diagnosticar y el aplicar el remedio, la Revolución ha zanjado los problemas "manu militari", a golpes de radicalidad, con ímpetus de ofensiva y como si uno de los sectores afectados no fuera parte de la nacionalidad, sino declarado enemigo. Frente a muchas cuestiones que parecían exigir un estudio previo, un planteo reflexivo, un avance cauteloso, el sistema preferido ha sido el tajo decisivo, la carga impetuosa, con todos sus riesgos y todas sus insoslayables asperezas. Lo cual puede ser una magnífica táctica de guerra, pero es política harto riesgosa en el poder. Porque gobernar es y ha sido siempre el arte de coordinar intereses encontrados, de aplicar medidas justas, pero cuidando que la aplicación no produzca injusticias laterales, de tener presente el bienestar colectivo y condicionar las normas a ese bienestar para no sacrificarlo férreamente dentro de un previo esquema teórico, por muy justo que ese esquema sea en principio. El panorama que se ofrece desde las alturas del mando es siempre diferente del que se vislumbra mientras se lucha por llegar, por eso el arribo a la cumbre impone siempre a los gobernantes una mayor cautela en el decir y en el hacer. De ahí la vieja enseñanza, brotada de la misma experiencia de la Revolución francesa: "Un jacobino ministro no es un ministro jacobino", o lo que es lo mismo, un radical en la oposición no tiene que ser necesariamente un gobernante radical.

Ello no quiere decir, desde luego, que la política exija el paño caliente o la tibieza condicionada al uso de la repudiable politiquería. No, la solución justa, una vez estudiada y condicionada para que produzca el máximo de bienestar, debe ser aplicada con firmeza y sin contemplaciones. Pero lo esencial estriba en no causar más perjuicios que los estrictamente necesarios a la eficacia de la norma, en afinar la medida para que no produzca más estragos de los que viene a remediar, en tener en cuenta las duras aristas de la realidad antes de dictar el precepto. No se trata de abandonar el método revolucionario, sino de ser radical luego que se hayan medido las posibilidades y los límites del radicalismo. Para evitar que su aplicación desmedida y a ultranza impida precisamente la creación del orden más justo que se pretende lograr.

Aun los no iniciados en esa misteriosa ciencia de la economía, grávida siempre de datos, cifras y estadísticas, sabemos que una de sus más pavorosas características lo es su ausencia de emoción, su indiferencia frente a las motivaciones. Para un economista, la eficacia de cualquier regulación se mide por los fríos datos que ofrecen los gráficos y no en razón de las buenas o malas intenciones de quien la dicta. De ahí que muchos cubanos que ni somos latifundistas ni poseemos una pulgada de tierra, que hemos saludado a esta Revolución como el cumplimiento de un viejo anhelo nacional, que estamos más que convencidos de todo el cúmulo de latrocinios y atropellos que ha gravitado sobre la población campesina desde antes de la república y hasta hace cinco meses, nos sintamos turbados frente a argumentos como los que, por ejemplo, se oponen a la Reforma Agraria actual. Inevitablemente, muchos de ellos nos suenan como verdades atendibles.

Contra el dicho de que no hay suficiente personal técnico para llevarla a cabo de un solo tirón, de que el campesino carece de los recursos y los conocimientos necesarios para sustituir inmediatamente a los actuales empresarios, o de que toda reforma agraria determina un inicial descenso en la productividad, con su secuela de desempleo y miseria, quisiéramos oír mejores argumentos que los calificativos de "reaccionarios" o "contrarrevolucionarios". Porque así como un delincuente puede ofrecer en el juicio datos verosímiles y útiles a la justicia, así también, en el peor de los casos, un latifundista puede estar expresando una verdad o enunciando razonables argumentos económicos. *Años después los propios líderes del gobierno revolucionario han atribuido gran parte del desastre económico actual de Cuba a lo que ellos llaman "los errores iniciales de toda revolución". En el caso de Cuba las advertencias fueron lo suficientemente numerosas y claras como para invalidar la excusa.* Porque, a fin de cuentas, ¿a qué se debe la urgencia en adoptar medidas radicales? ¿Por qué ese paso de carga, ese no dar tiempo a tomar aliento entre una medida y otra, ese voraz deseo de transformarlo todo en un plazo de meses? Si el futuro de Cuba reposa plenamente en las manos de la Revolución, ¿qué necesidad hay de cincelarlo a golpes apresurados, como si se dispusiera de brevísimo plazo, a riesgo de que en la urgencia no se mida bien el objetivo y el cincel, en vez de modelar, quiebre y deforme la obra?

Tales reflexiones no siempre se han tenido en cuenta. Antes al contrario, en ocasiones parece haberse disfrutado en envolver las medidas con una cierta aureola desafiante, *como si el mérito de las mismas residiera en haberlas dictado no en beneficio de los más, sino en perjuicio de los menos.* Y como los menos en Cuba han sido hasta ahora grupos sin cohesión ni confianza mutua, dados al usufructo fácil y al vivir de espalda a la comunidad que los sustentaba, como parece haberles llegado la hora de pagar viejas injusticias e imperdonables abandonos de la cosa pública, les resulta difícil encontrar voces que los defiendan o espíritus limpios que rompan por ellos alguna lanza. Desgraciadamente, es cierto que hay muchos cubanos de vivir holgado, que recién ahora, con el restallido de un decreto revolucionario, han abierto los ojos asombrados al panorama de las angustias y las esperanzas del pueblo de Cuba.

Pero por encima de los más y de los menos, como deidad que mira hacia el futuro, la Reforma Agraria ha entrado en vigor. Con ella, la Revolución ha cruzado el Rubicón y embarca al país en la más grave y profunda aventura de su historia. Con la mano firme de quien confía plenamente en la justicia de su causa y a velas desplegadas, el gobierno revolucionario ha hecho girar el curso del Estado y lo pone proa a un horizonte problemático, asumiendo sin titubeos la tremenda responsabilidad histórica de transformar un país ateniéndose únicamente a sus normas y a sus concepciones... Si triunfa en el empeño, toda la gloria ha de ser suya y sobre su cabeza ha de derramarse el beneplácito de las generaciones futuras; si fracasa, él habrá sido el principal arquitecto del desastre. A todos los demás, a los que vamos en la nave con nuestros trabajos y nuestras esperanzas y con ella nos hundimos o nos salvamos, sólo nos queda, por el momento, el repetir la vieja plegaria de los nautas fenicios antes de emprender alguna riesgosa travesía: "Que los vientos nos sean propicios y que sepamos estar a la altura del esfuerzo".

("Prensa Libre", 12 de junio de 1959)

EL DILEMA

A mediados de 1959 todo el proceso cubano se había identificado y concretado en la figura del líder máximo de la revolución, cuya voluntad se hacía cada día más férrea e inapelable. No quedaba más alternativa que callar y obedecer o defender el derecto a disentir.

Todo cubano honesto que lleve a cuesta su carga de preocupaciones patrias, que sienta y vibre con las esperanzas y los riesgos de la hora presente, que quiera conservar su entusiasmo férvido, pero limpio de fanatismo, se siente atrapado en las fauces de un inesperado dilema. Por un lado, como un torrente de energía, la Revolución despliega sus conquistas y sus planes, sus sueños de justicia y su voluntad reivindicadora, y su glorioso impacto alza en el alma un cimbreante y ascendente amor a Cuba y una leal y sincera voluntad de servicio.

Por otro lado, están los inevitables aspectos negativos de todo movimiento, los excesos, los desvíos, los errores de táctica que pueden comprometer la magna obra, y siéntese uno tentado a elevar la voz modesta y serena para advertir o discrepar o disentir. ¡Ah, pero resulta, se nos dice, que advertir un error de la Revolución significa hacerle el juego a la sombría legión de los condenados que dentro y fuera rumían su siniestra voluntad de venganza; pero es que discrepar en algún punto implica unirse a las huestes de los eternos pancistas que por defender sórdidos intereses se oponen a las leyes revolucionarias; pero es que disentir conlleva el debilitarnos frente al vecino norteño, cuyo pico imperialitsa más de una vez se ha hundido profundamente en las carnes de Hispanoamérica!...

¿Y quién que conserve un átomo de hombría de bien o de patriotismo no retrocede ante esa pavorosa encrucijada para no prestar ni la sombra de un apoyo a los que usurparon el poder llenos de ambición, lo abandonaron rebosando crímenes, y rondan el país ahogados de resentimientos? ¿Quién quiere que confundan su honestidad en la crítica con las turbias voces que censuran para mantener situaciones de lacerante injusticia? ¿Quién desea debilitar nuestra soberanía y no ofrecer su pleno apoyo a la dignidad nacional, restablecida al fin en toda su enterza? Si tales son los términos del dilema, la actitud a asumirse no ofrece duda: hay que ahogar los consejos y cumplir en silencio la misión ciudadana.

Pero apenas se examina la cuestión un poco más pausadamente, se advierte que no hay tal dilema o, al menos, que no son tan tajantes sus términos. Comenzamos a superar la cuestión si nos alzamos sobre el espinoso acontecer cotidiano hacia una mejor perspectiva histórica. Comprendemos entonces que los gobiernos y los movimientos políticos no son más que etapas en la historia de los pueblos. Pasan los hombres y queda la Nación. Y es esa entidad supraindividual, rejuvenecida siempre por la afluencia de nuevas generaciones, la que mide en definitiva el hacer de los hombres y de los gobiernos de acuerdo con el beneficio final que le hayan aportado a la colectividad.

Alguna vez, en tensos momentos de historia, un hombre o un movimiento parecen encarnar las más caras ambiciones patrias, y entonces hierven y se disparan en torno a ellos todos los fervores nacionales. Pero aun en tales minutos de supremas entregas, el motor esencial de los entusiasmos es la convicción colectiva de que la actuación de tales individuos o partidos ha de marcar un alza tremenda en la vida nacional. De ahí la enorme responsabilidad de todo poder y lo alerta que han de estar los gobernantes para no caer en espejismos. La popularidad embriagadora, el apoyo masivo de los ciudadanos, no son nunca concesiones irrevocables del pueblo, son préstamos otorgados a la soberana confianza despertada por alguna egregia personalidad; préstamos que exigen altos intereses en mejoras concretas y positivas para que no se tornen espuma evanescente. Y si, pues, lo radical y trascendente es siempre y ante todo el interés nacional, si la última balanza de juicio es el bienestar permanente de la colectividad, entonces el dilema mencionado se reduce a términos superables.

Teniendo presente el trasfondo de valores nacionales hacia donde deben dirigirse los esfuerzos de toda política, tórnase claro deber de todo ciudadano tanto el aplaudir, alentar y apoyar todo gesto o acción que a su juicio luzca certero y preñado de fecundas consecuencias sociales, como el rectificar o encauzar aquellos desplazamientos de energía que le aparezcan como errados o peligrosos para la obra común.

Nada hay más fácil, en momentos desbordantes, que renunciar al propio discernimiento y dejarse llevar por la pasión para aplaudirlo todo o criticarlo todo, de acuerdo con lo que demanda el airado sentimiento personal; creo más útil, sin embargo, el tratar de ser justos en el aplauso y en la crítica para lanzar ambos sin reserva cada vez que en el horizonte patrio asome una intención beneficiosa o perjudicial. En el fondo, como siempre, los extremos llegan a tocarse; tan antipatriótico y contrarrevolucionario resulta el oponerse a una medida buena porque nos perjudica, como el aplaudir una medida mala porque nos conviene el aplauso.

En última instancia, lo decisivo es la honestidad para con uno mismo, el emplazar el juicio sobre lo mejor que tenga uno de buena fe, para tratar de sumar certeramente el empujón personal al esfuerzo masivo de toda la nación. "Lo que necesita esta sociedad nuestra, enferma de miedo —decía Varona—, es una buena infusión de sinceridad que la tonifique". Y, a pesar del indudable despejamiento del panorama cubano traído por la Revolución, en lo esencial sigue siendo válido el consejo. Véase, si no, esos insólitos dignatarios que nos han brotado, que jamás se preocuparon un ápice por el bienestar del pueblo, y que ahora cubren su lastimado peculio bajo la armadura de paladines del interés de los pequeños, o algún que otro radical de vidrio aspirante al primer plano, tanto más tenaz en la vociferación y en el ataque cuanto más frágil su historial revolucionario.

Frente a unos y a otros, por encima del dilema aparente que va del aplauso perenne y sin reservas a la conjura tenebrosa y malsana, es preciso enhiestar el propio deber hacia la Nación. Unidos, sí, férreamente unidos contra el zarpazo batistiano o la ingerencia extranjera, venga de donde viniere, pero unidos sin uniformidad obligatoria, unidos por convicción y no por presión del ambiente, unidos en las raíces, pero dejando que cada rama despliegue en el aire su propia dirección, tratando de salvar siempre la independencia del juicio sincero, el derecho a la crítica honesta, el respeto a la persona del discrepante.

Alguna vez hemos de empezar en Cuba a sanear la atmósfera discutiendo los argumentos y no a los argumentadores, valorando las tesis sin menoscabar a los expositores, analizando el deber de opinar para poder opinar debidamente. Cuando pasen los años y estas fragorosas olas de nuestra actualidad hayan descargado ya todo su vigor contra las playas del tiempo, y sólo queden flotando en el mar nacional las reales y positivas conquistas que se hayan alcanzado, entonces se verá cómo el último juicio de la Historia, por encima de sectores y partidos, clasificará en definitiva a los hombres que vivieron esta hisotria en sólo dos grandes grupos: aquéllos que le hicieron bien a la Nación y aquéllos que le hicieron daño. Y eso es lo permanente. Todo lo demás es transitorio.

("Prensa Libre", 27 de junio de 1959)

EL COMUNISMO Y LA REVOLUCIÓN CUBANA

Todo el que esté luchando por ver claro en esta intrincada problemática nacional que estamos viviendo, debería leer detenidamente las conclusiones del Pleno del Comité Nacional del Partido Comunista Cubano sobre nuestra Revolución. El folleto vale diez centavos, pero las ideas son inapreciables. Se trata de un enjuiciamiento claro, certero y profundo. No hay en el trabajo clarinadas de emoción ni excesivos oropeles verbales: el estilo se ciñe al análisis y el análisis se atiene a la lógica. Se comprende de inmediato que sus autores no son parvenues a la política, sino pilotos veteranos acostumbrados a penetrar más allá de las meras apariencias. Sabido es que una de las mayores ventajas usufructuadas por los comunistas en todas partes, es que en medio de las confusiones, mientras todo el mundo en torno a ellos grita y se enardece, y se contradice, ellos conservan la cabeza clara y los objetivos definidos. Por encima de todas las peripecias, a veces silenciosamente y otras en medio de una planificada algazara, el rumbo hacia esos objetivos se mantiene inexorable. Lamento profundamente que el trabajo sea demasiado extenso e interesante para apretar su análisis en la brevedad de un artículo. Vale la pena destacar, sin embargo, la tónica general de comprensión y cordialidad de que está revestido. Convencidos de que los excesos pueden despeñar la obra, el Partido se define contra "toda tendencia extremista izquierdista, contra toda exageración de las medidas, métodos o demandas que debe aplicar la Revolución", y llega a pronunciarse a favor de "la protección de la burguesía nacional para el desarrollo de la industria".

Siguiendo esa misma línea de moderación, se recomienda a los camaradas que no se desmanden frente a los que mantienen la tesis anti-unitaria dentro del movimiento obrero, sino que se esfuercen en estudiar y comprender los motivos de tales actitudes para poder combatirlos cabalmente. Y se propugna que las discrepancias con los demás sectores se ventilen "democráticamente" con argumentos respetables. Se reconoce que la acción del proletariado no fue el factor principal para el derrocamiento de la tiranía; se estima el aporte a la lucha de todas las clases sociales y se habla de atraer a la burguesía nacional al campo de la lucha por la liberación nacional. A ratos, no puede uno menos de aplaudir silenciosamente la sensatez de muchas expresiones.

Naturalmente que la raíz de esa fisonomía ejemplar y encomiable apenas si se trasluce en el ensayo. Y es que el problema es de táctica y de adaptación. El marxismo —dice el folleto— no es ninguna traba ideológica, el marxismo no es un dogma, sino un guía para la acción. Y naturalmente, añadimos nosotros, la acción tiene que adaptarse a la realidad de la circunstancia histórica. En tanto en cuanto los comunistas sean minoría y no se hayan dado lo que ellos llaman "las condiciones históricas objetivamente favorables", el Partido exigirá el respeto a las minorías, declarará el no dogmatismo de sus principios y la posibilidad del entendimiento y la cooperación entre las clases sociales. Lo esencial en tales momentos es redoblar la propaganda, no alertar temores innecesariamente, neutralizar los elementos adversos y atraerse simpatizadores. Cuando se llegue al poder, es decir, cuando se produzcan las condiciones históricas objetivamente favorables para el control del Estado, entonces el canto melodioso se transforma en áspera orden, la cooperación en rígida disciplina, el gobierno en la Dictadura del Proletariado. Y la dictadura no puede ser cordial, ni flexible, ni democrática. Cuando se dio en Rusia la primera intentona de libertad electoral, el pueblo eligió para la Asamblea Constituyente trescientos setenta miembros del Partido Socialista Revolucionario y sólo ciento setenta y cinco de los Bolcheviques. Los comunistas quedaban en minoría. Entonces, Lenín disolvió la Asamblea y rubricó su decisión con estas tajantes palabras: "La disolución de la Asamblea significa la completa y abierta repudiación de la idea democrática en favor del concepto dictatorial". De ahí en adelante, al estimarse suprimida teóricamente la explotación del hombre por el hombre, los vacilantes o los disidentes pasaron a la categoría de viles traidores, enemigos del pueblo, merecedores tan sólo de la sórdida prisión o del pelotón de exterminio. Al llegar al poder las fuerzas del progreso, había que progresar a la fuerza, sin debilidades ni contemplaciones.

Acaso por ello, teniendo presente la dureza de ese final para el cual hay que estar bien preparado y adoctrinado, de forma que no quepan flaquezas, el Partido Comunista Cubano hace hincapié en la necesidad de una mayor "disciplina" y exhorta "a continuar el reclutamiento de nuevos miembros sobre la base de preferir la calidad a la cantidad". Viejo y sabio principio que ha rendido siempre óptimos frutos.

Uno de los aspectos del trabajo que amerita mayor reflexión y detenimiento es el que se consagra al análisis del Humanismo de la Revolución Cubana. Con innegable razón, afirma el Partido que el concepto de "humanismo" es término muy amplio y que bajo su extensión han florecido múltiples y variadas tendencias. "Todas las ideologías de progreso y avance son humanistas... Nosotros, pues, también somos humanistas". Y es que lo radical y decisivo no es el membrete, sino la realización; no el título, sino el sentido de los hechos y las acciones. De ahí la intrascendencia del calificativo. Frente a la Revolución, "el llamarla humanista no cambia ni la esencia ni el contenido de lo que ha hecho y está haciendo en el orden político, económico y social...". En ese camino de someter el juicio a la realidad los acompaña el egregio Unamuno. ¿Cómo reconozco un cangrejo? —dicen que decía el viejo filósofo—: por sus muelas y su caparazón. Podrán llamármelo de otra manera o decirme que en su interior está resolviendo ecuaciones de segundo grado, pero mientras yo le vea las muelas y el caparazón, seguiré diciendo que es un cangrejo.

Ante tan nítidas y decisivas conclusioens, imposibles de sintetizar aquí, preciso es reconocer que se requiere por parte de los teóricos de la Revolución un mayor rigor ideológico, un mayor afinamiento de las teorías, la emersión de un verdadero cuerpo doctrinal que vaya más allá de la amplia vaguedad del humanismo. Únicamente así se hará posible la doble definición categórica que resulta ya tan necesaria. Frente al imperialismo americano, desprovisto por lo demás de contenido ideológico, la Revolución ha esclarecido amplia y virilmente su postura. Nadie puede abrigar dudas en cuanto a eso. *Frente al otro imperialismo, al que nace de más lejos, pero se sente más cerca, al que llega armado de toda una estructura de razonamiento, la definición ha sido menos sólida y más vaga.* Acaso porque aún la Revolución no ha sentido la necesidad de depurar públicamente su doctrina y sus objetivos. Pero creo que ha llegado la hora. Porque mientras haya ideas indefinidas y teorías embrionarias, mientras estemos un poco a oscuras sobre el pensamiento que rige las acciones revolucionarias, toda la ventaja estará de parte de quienes, en cambio, tienen sus ideas bien claras, sus planes meditados y definidos sus fines.

("Prensa Libre", 5 de julio de 1959)

¡PAREDÓN, PAREDÓN!

En la última semana de octubre, el Comandante Hubert Matos fue arrestado en Camagüey y, antes de proclamarse su delito, en un mitin público en La Habana, frente a una masa delirante, Fidel Castro clamó por el paredón para los «traidores»... Para muchos cubanos, el terrible espectáculo, proyectado por la televisión, marcó el final de un período y, también, de una esperanza. Éste fue el único artículo que se publicó en Cuba alzando una protesta contra el método de terror.

Ha sido una semana cargada de hechos pesarosos, de acontecimientos que gravitan sobre el alma con una indefinible sensación opresora. No se trata sólo de la indignación y la repulsa que producen los planes arteros de los asesinos de ayer, los cuales hemos condenado enérgica y públicamente. Significó sentimientos más radicales y hondos. Primero fue el terrible espectáculo de una muchedumbre coreando a grito unánime un solo ominoso vocablo: "¡Paredón, paredón!" Parecía que se trataba de un tema de música popular; pero se trataba de un muro agujereado por las balas y de hombres silenciosos avanzando en el amanecer hacia la muerte. Tenía un cierto eco alegre. Pero implicaba la decisión sobre la vida o la muerte de unos compatriotas encarcelados. Y como creo que la existencia es el más alto valor que tiene el ser humano; y como creo que la sociedad tiene alguna vez el derecho a suprimirla, pero nunca así, al desgaire de una plaza pública, bajo el frágil enardecimiento de una muchedumbre frenética, mi alma se llenó de pesadumbre.

Y frente al grito rítmico y masivo, con la insistencia de una pesadilla y la tenacidad de un latido, mi angustia interior se me desdoblaba en múltiples tenaces preguntas: ¿Dónde estaba toda esta gente mientras allá en la Sierra el hombre contra el cual vociferaban se jugaba la vida por la libertad de Cuba? ¿Qué hacían entonces todos estos exaltados que ahora, bajo la tremenda impunidad del número, palmotean y demandan la muerte de una persona a quien aún no se le ha dado la oportunidad de defenderse, contra quien no se ha aportado todavía ni una sola prueba válida? ¿Es que la libertad, la vida y el prestigio de seis millones de ciudadanos van a depender de lo que grite en una arena pública una fracción airada de esos seis millones?

Y ahora, al final, la incertidumbre por la desaparición de Camilo Cienfuegos. Camilo, el de la sonrisa franca y la actitud cordial. Camilo, el héroe de múltiples combates, desaparecido así, absurdamente, *en lo que parece ser* un trágico y trivial accidente mecánico, indigno de su leyenda y de su historia.

Cierra la semana con un balance de pesadumbre. Vuelven los tribunales revolucionarios, se nos desaparece un héroe, nos queda inserto en la retina el sombrío precedente de un hombre juzgado a voz en cuello en una plaza pública. Y detrás, como en las tragedias griegas, queda resonando un coro oscuro e implacable que martillea sobre las conciencias un solo, terrible vocablo: "¡Paredón! ¡Paredón!"

("Prensa Libre", 1.º de noviembre de 1959)

LOS QUE CONSTRUYEN Y LOS QUE DESTRUYEN

Muchos fueron los que repudiaron el régimen batistiano; pocos los que tomaron las armas para derribarlo. Y porque fueron pocos, y esforzados, y heroicos, hubo una general y unánime vibración de agradecimiento y admiración el día que los indomables guerreros bajaron de las montañas trayendo en las manos la victoria y el futuro de Cuba. Sabíamos todos que los males de la patria eran hondos y las injusticias profundas; que la dictadura había sido fruto y no raíz de graves desajustes sociales; que había llegado la hora de hundir la voluntad redentora hasta las mismas entrañas nacionales. Y por eso, aplaudimos las realizaciones inmediatas de la Revolución y sus leyes regenerativas de más amplio y decisivo alcance.

Pero guardábamos también una encendida esperanza: la de que tras siete años de sentirnos vejados y oprimidos por una insolente casta militar, asfixiados por un ambiente cada vez más enrarecido por el vituperio soez y cotidiano, se abriera una etapa de construcción generosa que aunara todos los esfuerzos y ayudara a curar definitivamente tanto rencor disolvente, tanto corrosivo resentimiento. Creíamos, y creemos todavía, que una Revolución recibida con tan unánime fervor podía aplicar la más cauterizante de las medidas y la más estricta justicia social, sin tener que montar su obra salvadora en el odio contra alguna clase o minoría nacional, sin necesidad de alentar el furor popular contra los que ejercitaran el derecho de discrepar o disentir que ella misma les había devuelto. Confiábamos en que la Revolución contra la dictadura supiera vencerse a sí misma para no convertirse en una dictadura revolucionaria.

La actualidad parece habernos roto esa esperanza. Poco a poco, la Revolución se ha ido dejando arrastrar por la ferocidad de una minoría enfebrecida. Y mientras por un lado la imputación de "contrarrevolucionario" ha ampliado su radio lacerante hasta caer ya no sólo contra los que la critican, sino también contra los que simplemente no aplauden con suficiente entusiasmo. Por otro lado, el tono de los voceros revolucionarios, o al menos el de los que detentan ese título, ha ido perdiendo altura y dignidad hasta llegar al plano de la dentellada violenta e indiscriminada. Y tal es la pendiente del furor, que en ocasiones hemos visto asombrados cómo un frágil argumento contra la Revolución se ha quedado indemne e irrebatido, porque sus pretendidos defensores se han cuidado más de saltar airadamente contra el prestigio de quien lo enuncia que de refutar sus ideas. Más de un revolucionario conozco que se siente exasperado ante la forma ruin y mezquina con la cual se está defendiendo a una Revolución que tiene tan altos y nobles argumentos para defenderse.

Esa minoría exacerbada es la que aplica el sistema de juzgar a las personas no en razón de sus condiciones individuales, sino de acuerdo con prejuicios clasistas. Y afirma que el mero hecho de poseer algo, tierra, comercio, salario, prestigio o talento, es indicio suficiente de mentalidad reaccionaria. Para ellos la generosidad, el amor a la patria, la sana voluntad de servicio, son patrimonio exclusivo de los que nada tienen. Y si algún ciudadano acomodado, de ésos que ayer contribuyeron a la Revolución con su palabra o con su aporte económico, ensaya un gesto de apoyo al gobierno, sólo lo hace porque, o tiene miedo, o quiere "comprar" a la Revolución... Con este grupo no cabe entendimiento posible: si se elogia una medida, sospechan torvas y malsanas intenciones; si se critica un detalle, vociferan que ya el enemigo se ha quitado la careta. Ellos solos, con su indeclinable iracundia, han situado a más gente en la acera de enfrente que todo lo que hubiera podido hacer la más tenaz propaganda imperialista.

Y es que también en esta Revolución ha emergido y actúan dos fuerzas espirituales soberanamente diferentes: la de los que dedican sus mejores fervores a crear el mundo del futuro, y la de los que emplean sus peores rencores en destruir el mundo del presente. La de los que sueñan con redimir al campesino, y las de los que sólo se desvelan por degollar latifundistas. La de los que juzgan lo que se derriba como un paso necesario para edificar, y la de los que toman lo que se va a edificar como un gozoso pretexto para derribar. La de los que contemplan la Revolución como la oportunidad histórica de crear un pueblo mejor, y las de los que la utilizan como la oprotunidad personal de saciar todas sus inquinas.

Martí, con aquella visión penetrante que hace su obra tan alarmantemente actual, supo definir bien claro ambas tendencias: "Todas las grandes ideas se condensan en apóstoles o se petrifican en crímenes, según en su llameante curso prendan en almas de amor o en almas destructivas. Andan por la vida las dos fuerzas, lo mismo en el seno de los hombres que en el de la atmósfera o la tierra. Unos están empeñados en edificar y levantar: otros nacen para abatir y destruir. Las corrientes de los tiempos dan a la vez sobre unos y otros; y así sucede que las mismas ideas que en lo que tienen de razón se llevan toda la voluntad por su justicia, engendran en las almas dañinas o confusas estados de odio que se enajenan la voluntad por su violencia".

Tal es el diagnóstico certero y genial. Pero ocurre que los que edifican y levantan trabajan en silencio, mientras que los que abaten y destruyen gustan del alarido y la vociferación. Y así dan la impresión de que son más. Pero, afortunadamente, a pesar del daño que hacen, porque confiamos en las fuerzas creadoras, estamos seguros de que son los menos.

("Prensa Libre", 24 de noviembre de 1959)

LA HORA DE LA UNANIMIDAD

A principios de mayo, en medio de una algarabía fomentada y organizada por el gobierno ante una supuesta e inminente «invasión» de los Marines, el Diario de la Marina *fue clausurado. A mi juicio, llegaba para Cuba...*

La libertad de expresión, si quiere ser verdadera, tiene que desplegarse sobre todos y no ser prerrogativa ni dádiva de nadie. Tal es el caso. No se trata de defender las ideas sustentadas por el "Diario de la Marina". Se trata de defender el derecho del "Diario de la Marina" a expresar sus ideas. Y el derecho de miles de cubanos a leer lo que consideren digno de ser leído. Por esa libertad de expresión y de opción se luchó tenazmente en Cuba. Y se dijo que si se empezaba persiguiendo a un periódico por mantener una idea, se acabaría persiguiendo a todas las ideas. Y se dijo que se anhelaba un régimen donde tuvieran cabida el periódico "Hoy" de los comunistas y el "Diario de la Marina", de matiz conservador. A pesar de ello, el "Diario de la Marina" ha desaparecido como expresión de un pensamiento. Y el periódico "Hoy" queda más libre y más firme que nunca. Evidentemente, el régimen ha perdido su voluntad de equilibrio.

Para los que anhelamos que cristalice en Cuba de una vez por todas la plena libertad de expresión. Para los que estamos convencidos de que en esta patria nuestra la unión y la tolerancia entre todos los cubanos son esenciales para llevar adelante los más limpios y fecundos ideales, la desaparición ideológica de otro periódico tiene una triste y sombría resonancia. Porque preséntesele como se le presente, el silenciamiento de un órgano público o su incondicional abanderamiento en la línea gubernamental, no implica otra cosa que el sojuzgamiento, de una manera o de otra, de una tenaz postura crítica. Allí estaba la voz y allí estaba el argumento. Y como no se quiere o no se puede discutir el argumento, se hizo imprescindible ahogar la voz. Viejo es el método, conocidos son los resultados.

He aquí que va llegando en Cuba la hora de la unanimidad. La sólida e impenetrable unanimidad totalitaria. La misma consigna será repetida por todos los órganos publicitarios. No habrá voces discrepantes, ni posibilidad de crítica, ni refutaciones públicas. El control de todos los medios de expresión facilitará la labor persuasiva: el miedo colectivo se encargará del resto. Y bajo la voceante propaganda quedará el silencio. El silencio de los que no pueden hablar. El silencio cómplice de los que, pudiendo, no se atrevieron a hablar.

¡Pero, se vocifera, resulta que la Patria está en peligro! Pues si es cierto que lo está, vamos a defenderla haciéndola inatacable en la teoría y en la práctica. Vamos a esgrimir las armas, pero también los derechos. Vamos a comenzar por demostrarle al mundo que aquí hay un pueblo libre, libre de verdad, donde pueden convivir todas las ideas y todas las posturas. ¿O es que para salvar la libertad nacional es preciso empezar por ahogar las libertades ciudadanas? ¿O es que para defender la soberanía se hace indispensable limitar los soberanos derechos individuales? ¿O es que para demostrar la justicia de nuestra causa hay que hacer causa común con la injusticia de los métodos totalitarios?... ¿No sería mucho más hermoso y más digno ofrecer a toda la América el ejemplo de un pueblo que se apresta a defender su libertad sin menoscabar la libertad de nadie, sin ofrecer ni la sombra de un pretexto a los que aducen que aquí estamos cayendo en un gobierno de fuerza?

Lamentablemente, tal no parece ser el camino escogido. Frente a la sana multiplicidad de opiniones, se prefiere la fórmula de un solo guía, y una sola consigna, y una misma obediencia. Así se llega a la unanimidad obligatoria. Y entonces ni los que han callado hallarán cobijo en su silencio. Porque la unanimidad es peor que la censura. La censura nos obliga a callar nuestra verdad, la unanimidad nos fuerza a repetir la verdad de otros, aunque no creamos en ella. Es decir, nos disuelve la personalidad en un coro general y monótono. Y nada hay peor que eso para quienes no tienen vocación de rebaño.

COLETILLA

Al Comité de Libertad de Prensa de "Prensa Libre" se le avecinan tareas superiores, enormes. Ahora probablemente recalarán por acá caras siquitrilladas por "allá". Mayores provocaciones, mayores intrigas, puñales envueltos en pañales de "consejos fraternales".

CUBA: CONCIENCIA Y REVOLUCIÓN

Hoy nos toca desenmascarar a uno que cuando la caverna se queda sin órgano se desboca añorando por el mundo "libre", la "libertad de prensa", la "libertad individual", la libertad, la libertad... En fin, la libertad en abstracto, la libertad inexistente. Es lógico que no se atreva a decir la libertad que pretende para qué es y para quiénes la pide. Porque "la triste resonancia" de la libertad para alabar a una misión yanqui que entrenó a asesinos de 20.000 cubanos y los armó hasta los dientes, para poseer enormes latifundios que se traducían en parásitos, piojos, etc... para los campesinos y miseria para el pueblo, la libertad para saquear el tesoro público, para mantener a Cuba bajo la coyunda imperialista y de un régimen semifeudal, una economía semicolonial, esa libertad ya no existe en Cuba ni existirá jamás. Para quienes procuren esto hay paredón, cárcel, exilio y odio.

Esta unanimidad totalitaria que escandaliza a estos vocingleros de la explotación, esta nueva vida, esta nueva Cuba es la que defenderemos hasta la última gota de sangre y que ya provoca tanta solidaridad que casi se puede decir que la disyuntiva entre Patria y Muerte ya irremisiblemente se ha resuelto en Patria.

("Prensa Libre", 13 de mayo de 1960)

EN EL EXILIO
1961 -...

"NO HAN OLVIDADO NADA...
NO HAN APRENDIDO NADA..."

Los exiliados volvían a la patria... El héroe funesto que había desviado la Revolución hacia la dictadura y el desastre, había huido. Atrás quedaban los rojos borbotones del Terror, los espasmos colectivos en las plazas de la capital, los enormes despliegues populares. Agotado por las interminables jornadas de lucha, el pueblo sólo anhelaba la paz y el trabajo necesario para retomar aliento... En 1814, apagados los últimos rescoldos de la Revolución, los exiliados volvían a Francia. Y al verlos llegar, ávidos de recobrar todo lo perdido, palpitantes de castigos contra las usurpaciones, ciegos para todo lo que el pueblo francés había sentido y sufrido en su ausencia, el viejo Talleyrand, el más sagaz de sus contemporáneos, les definió: "Vuelven sin haber olvidado nada ni aprendido nada, tal vez tengan que volverse a marchar".

Ahora que parece acercarse el esfuerzo supremo por volver a la patria, convendría que muchos compatriotas meditaran sosegadamente sobre tal ejemplo y tales palabras. Porque aún quedan muchos cubanos que no acaban de comprender toda la profundidad y la significación del huracán fodelista. Para ellos se trata de una pesadilla terrible pero pasajera. Y creen que todo habrá de resolverse volviendo a Cuba, fusilando unos cuantos centenares de comunistas (y cada cual repasa su propia lista), devolviéndolo todo a todo el mundo y colgándose de las manecillas del reloj para que el tiempo marche hacia atrás. Mientras todo el futuro de Cuba tiembla y se estremece como cable tendido sobre el abismo, ellos mantienen la cabeza tenazmente vuelta hacia el pasado.

Y, sin embargo, el único problema de Cuba está en su porvenir, y en la actitud que los cubanos asuman frente a ese porvenir. Porque si dura ha de ser la lucha por derribar a Fidel Castro, la tarea de reconstruir la nación es casi titánica y abrumadora. Es posible que toda una generación se queme en el esfuerzo continuo de volver a echar a andar toda una maquinaria social que ha sido conmovida y corrompida hasta en sus últimas piezas.

Es en tales momentos cuando cada cubano va a tener que dar de sí el heroísmo callado y cotidiano del desinterés y el sacrificio, del no aferrarse al bienestar personal, sino abrirse a las urgencias de la colectividad, del no querer que la Nación o el Estado funcionen en provecho propio, del evitar a todo trance que volvamos a caer en la corrupción ambiental de mirar al país sólo como carne propicia para la personal dentellada. Y porque estoy convencido de la enorme prueba que a todos nos aguarda, y del desastre que nos espera si no sabemos estar a la altura de esa prueba, a veces miro en derredor y se me sobrecoge el ánimo y tiemblo por el futuro de la patria.

Por eso convendría repetir y gritar en todas partes, con la sinceridad del convencido y no con la facilidad del propagandista, que esta guerra no se hace para devolver ni para castigar, sino para liberar. Que apelamos al sentimiento porque hemos sabido ahogar el resentimiento. Que todas nuestras viejas culpas nos han enseñado que la concordia y la libertad no son sólo moralmente válidas, sino que son esencialmente los únicos caminos para salir del abismo de odios que nos lega Fidel Castro. Que quien toma un arma para vengar agravios personales o para garantizarse una rápida recuperación de sus bienes, está añadiendo un nuevo eslabón al desastre. Que es preciso hacer correr la sangre, pero sólo para detener la sangría que hace años debilita a Cuba. Que hay jóvenes muriendo para conquistar el derecho de la juventud a vivir en la fecundidad del estudio y del trabajo. Que esta guerra es necesaria porque la anima el empeño de acabar con las guerras en Cuba.

Y que no vengan algunos de esos que se llaman "realistas" para mejor ocultar su egoísmo, a decir que eso es irrealizable anhelo de idealismo. Porque no lo es. Todo lo contrario. Si esos realistas hubieran sabido comtemplar a tiempo la realidad bajo esas luces, no hubiéramos dado todos en la actual tragedia. Porque con un poco más de visión y de desinterés, se hubiera podido frenar a tiempo el avance comunista. Pero frente a la agresión totalitaria, cada cual en Cuba pensó "realísticamente" y trató sólo de proteger su cobijo personal, aunque su aislamiento facilitara el hundimiento de todos los demás. Y mercenario hubo que creyó salvar sus intereses desplegando las velas al viento que soplaba de Rusia, y que ahora anda por aquí propugnando la mano dura contra el pueblo cubano, porque se dejó engañar por Fidel Castro... Y también en aquellos momentos, cuando aún era posible hacer algo, los que hablaban de unidad, de desinterés, de sacrificio común y patriotismo, fueron tildados de idealistas.

Volver a Cuba con las mismas anteojeras. Regresar con la estrecha visión de arreglar las cosas en la forma que más nos convenga y no en la que más conviene a la nación, es demostrar que la trágica lección no ha sido aprovechada, que nada se ha olvidado, que nada se ha aprendido. Y ése es el camino más seguro para volver a dar en un segundo y definitivo exilio, o para caer en Cuba estúpidamente aferrados a algún minúsculo interés.

("Diario Las Américas", 26 de marzo de 1961)

LA POLÍTICA Y LAS BALAS

Este artículo se publicó un mes antes de que se intetara derribar a Fidel Castro con una invasión armada que culminó con el desastre de Playa Girón. Algo tuvo que ver el desenlace con la preocupación que estas líneas expresaban.

En este exilio, tan erizado de sospechas y defraudaciones, se ha hecho moda, apenas apunta una preocupación por las soluciones que habrán de llevarse a Cuba, el afirmar rotundamente: "El momento es de guerra, ésta no es hora de hablar de política". Y usualmente, quienes así sentencian lo hacen con aires de quienes están en la cumbre del patriotismo.

Aunque sea moda o hervimiento patriótico, he de confesar que el dicho me abisma y me alarma. Estamos en un momento de guerra, luego lo más elemental es preguntarse: ¿Para qué se hace la guerra?... No conozco contienda bélica de nuestra época que no lleve en sus entrañas un conflicto político. Más aún, todas las refriegas actuales: la de Argelia, la de Laos, la del Congo, la de Cuba, no son más que fases de la gran guerra política que a modo frío o caliente libran en todo el mundo dos sistemas adversos: la democracia y el comunismo. Decir, por tanto, que hay que ir a la guerra sin hablar de política, es caer en el absurdo de convocar a una lucha ocultando el porqué y el para qué se lucha, silenciando los objetivos esenciales cuya conquista exige nada más y nada menos que la vida de muchos combatientes.

Admiro y aplaudo que el recio combatiente de la clandestinidad, o el rebelde del Escambray, apenas si le dediquen una presurosa ojeada al futuro político por el cual se baten. El hurtar la vida al riesgo cotidiano exige hasta la última fibra de atención y, además, su erguimiento patriótico frente a la dictadura es aval más que suficiente de amor a la libertad. Pero que en el exilio, lejos del peligro inmediato, se evada el tema del porvenir político de Cuba, me resulta inexplicable, cuando no sospechoso.

Y tanto más azorante es la cuestión, cuanto que en Cuba Fidel Castro hace política pero prohibe hablar de política. "Revolución primero, la política después", dijo el Líder, y bajo el peso de ese lema funesto se aplastó la Constitución, se instauró la dictadura y se traicionaron todas las promesas. Y resulta que nosotros, que estamos contra Fidel Castro, seguimos su ejemplo y también nos negamos a hablar de política. Resulta que aquí se ha formado un poderoso ejército de liberación que va a salvar a Cuba del comunismo, pero nadie sabe a ciencia cierta a qué autoridad civil responde ese ejército, qué tipo de libertad plantea para Cuba, ni qué régimen político va a apoyar con sus armas. "La Revolución primero, la política después", grita Fidel en Cuba mientras aniquila libertades. Y, como en eco, "La guerra primero, la política después", le responden aquí los antifidelistas mientras preparan el ejército de liberación. Y mientras, nadie se cuida de presentarle al pueblo cubano un programa mínimo, una promesa unánime que le garantice a ese pueblo que no sólo se lucha para derrocar a Fidel Castro, sino para restablecer la libertad, que no sólo es anticomunista, sino también prodemócrata.

Porque entre las muchas cosas que hay que rescatar, o acaso estrenar en Cuba, está el verdadero concepto de la política. Fidel Castro ha repetido que la democracia significa libertinaje, que la política no es más que un fangoso forcejeo de las ambiciones, que las elecciones no son más que fraudes impuestos por las minorías. Y precisamente porque nuestro pasado político parece confirmar la veracidad de sus palabras, es tanto más importante el que nosotros empecemos bien temprano a demostrar que Fidel Castro no tiene razón, que hay otra cosa más limpia, más sana y más eficaz, que la verdadera política, la que lleva a gobernantes y gobernados, en un mutuo respeto de libertades, por el firme sendero del progreso colectivo, sin necesidad de líderes inapelables ni hondos vuelcos de violencia.

Y si no empezamos temprano a demostrarlo, si no proclamamos estentóreamente nuestra firme profesión de fe democrática, entonces le estamos haciendo el juego a Fidel Castro y, lo que es peor, estamos vitalizando el riesgo de que, una vez derribado el dictador, alguien corra la voz de que la desorganización en que ha quedado el país exige una mano fuerte y ordenadora: "Organizar el país primero, política después", pudiera ser el pretexto para posponer una vez más la instauración del sistema democrático en un país que está urgido de libertades y famélico de justicia.

El momento es de guerra, razón de más para diafanizar las intenciones. El momento es de guerra; preciso es, pues, enarbolar bien alto los ideales que justifican la guerra. El momento es de guerra, obligados estamos a comprometernos con el futuro para que no haya más guerras en Cuba. Porque en nuestros tiempos la política se ha hecho guerra, estamos envueltos en una guerra política. No caigamos en la trampa totalitaria y no le cojamos miedo a hablar de política, de soluciones claras, de planes de gobierno amplios y fecundos. Que los responsables del momento actual digan alto y firme cuál es la política nacional por la cual han de luchar cuando termine el terrible problema de la guerra y se abra el pavoroso problema de la paz.

("Diario Las Américas", 8 de marzo de 1961)

LOS MEJORES

Carta abierta a José I. Rivero

He leído con detenimiento el documento de "Los Comandos de Liberación", firmado por José I. Rivero. De su texto, lleno de palabras patrióticas con las cuales concuerdo, se me alzó una frase connotante sembradora de inquietudes. Dicen los Comandos: "Frente a la demagogia democrática, la democracia ejercida cívicamente por el pueblo y *por los mejores del pueblo*". Reconozco que no entiendo el sentido de esta última frase. Si se trataba de enunciar el sistema democrático que todos conocemos, basta decir "para el pueblo y por el pueblo". Porque sabido es que la democracia electiva jamás ha garantizado que los mejores sean los elegidos. Ella sólo permite a los mejores, al igual que a los regulares y a los peores, el concurrir a la lid pública en busca de apoyo. Y si el pueblo elige a los peores, pues a los mejores no les queda otro remedio que procurar que la cosa salga lo menos mala posible y esperar una nueva oportunidad. Insertar, por tanto, en la vieja y conocida fórmula esto de que la democracia la van a ejercer los mejores del pueblo, pudiera implicar que se piensa acudir a otra forma de selección que garantice que al poder sólo han de arribar los excelentes. Y si tal es el caso, guardándome para otro momento mi radical discrepancia, yo me pregunto de inmediato: ¿quiénes son y dónde están los mejores del pueblo?

Si nos atenemos al criterio esbozado por el propio director del "Diario de la Marina", los mejores parecen estar en ese grupo de "hombres de leyes, hombres de la economía, hombres de empresa", que por su "reputación moral y aptitud notorios por su desinterés" parecen estar llamados a conducir nuestros pasos por los azarosos senderos de la provisionalidad. Y si tal es el criterio, confieso nuevamente mi perplejidad. Porque esas piezas de ejemplar ciudadanía que el Sr. Rivero cree ver profusamente en el exilio, a mí me resultan de una escasez y excepcionalidad aterradoras. Más aún, considero que una de las tesis más aptas para explicar nuestros derrumbes institucionales, lo es la ausencia de una verdadera clase dirigente cubana. En Cuba ha faltado desde hace décadas ese sector social homogéneo que por conciencia de grupo y tradición de mando ha sabido en otras naciones frenar los desmanes políticos e influir sobre el rumbo nacional. Por eso lo que fungía en Cuba como clase dirigente, el grupo de mayor capacidad económica, grupo invertebrado, sin coherencia íntima ni vínculos verdaderos, jamás ha sabido oponer un frente unánime y decidido ante cualquier embate social. Más que dirigir, las clases altas cubanas sabían adaptarse provechosamente a la dirección que les marcaba el gobernante de turno.

Esa ausencia de capacidad rectora se puso trágicamente de manifiesto cuando el 10 de Marzo. El estupor colectivo ante aquel crimen fue seguido por un oscuro deseo de encontrar las voces que supieran señalar el camino a seguir. ¿Y quiénes debían haber alzado primero la protesta sino aquéllos que sabían o debían saber lo que era una Constitución atropellada? ¿Quiénes más aptos para mostrar lo que era una Constitución atropellada? ¿Quiénes más aptos para mostrar su repudio al Dictador que aquéllos que no dependían económicamente de la Dictadura, aquéllos cuya fortuna personal les permitía el lujo de la indignación cívica?... Infortunadamente, no fue así; de las alturas bajaron pocos ejemplos de dignidad censora o de recogimiento honorable, lo usual fue el entreguismo, la adulación interesada, la vinculación subterránea y sonrojante.

De ahí también que cuando Castro bajara victorioso de la Sierra, se encontrara delante de una enorme conciencia de culpa que le facilitara los pasos de conquistador. Porque muy descaminados andamos si no reconocemos que lo que hacía demoledora y terrible la oratoria fidelista era su alta carga de verdad, y la falta de moral necesaria para erguirse frente a ella limpiamente. Una vez más lo que debía ser clase dominante se convirtió en dócil instrumento de dominio. Así, los comunistas fueron derribando uno a uno los bastiones de nuestra economía sin que nadie ensayara un gesto de defensa. Cíteme el Sr. Rivero qué personalidad de nuestras leyes, de nuestra economía o de nuestras empresas, denunció cívicamente la intención destructora de las leyes fidelistas. Éramos entonces muy pocos los que, sin vínculos oprobiosos con el pasado, escribíamos defendiendo los valores de la libertad y de la democracia. Y cada vez que "Revolución" nos insultaba o Pardo Llada se abatía sobre uno de esos pocos, recibíamos muchas voces de aliento. Pero cuando tratábamos de destacar la necesidad de una defensa cerrada, la respuesta usual de los hombres de comercio era: "¡Pero es que a mí todavía no me han tocado!"... Y estoy seguro que allá en su trinchera el Sr. Rivero también habrá escuchado esa respuesta desalentadora, mezquina y suicida... ¿O es que Mikoyan no fue calurosamente recibido por los industriales? ¿O es que el Biltmore no fue despojado sin que ni sus socios ni los otros clubs intentaran la dignidad de una protesta? ¿O es que Fidel Castro no insultó públicamente a los hacendados, a los colonos y a los ganaderos sin que una voz se oyera en su defensa?... El que estas líneas escribe tiene el orgullo de haber publicado el único artículo que salió firmado en Cuba censurando el cierre del "Diario de la Marina", cuyos criterios no compartía ni comparte. Dígame el Sr. Rivero qué institución cívica, qué asociación industrial, qué hombre de leyes o de comercio, rompió una lanza en esa batalla. Y ¿por qué hemos de recriminar al cubano pobre que se deja poner un uniforme de miliciano y no al cubano rico que se dejó despojar de lo que era suyo sin el valor de una protesta? Para mí, los últimos son más culpables que los primeros. Porque si hubiera habido más dignidad y más moral en las clases dirigentes, no habría hoy milicianos en Cuba.

No, no estoy de acuerdo con la ambigüedad de la fórmula "los mejores del pueblo". Y menos aún con buscar esos mejores aquí en el exilio. Los mejores están en Cuba, y no han tenido tiempo de ir a los periódicos, ni de hacer oír su voz. Pero ya les llegará el momento de hablar alto y firme. Y creo apasionadamente que de allí, de esa savia generosa que hoy corre bajo tierra, nutriéndose de sacrificio y de dolor, han de salir los verdaderos representantes de nuestro pueblo, los que se aferren sin tregua a nuestra libertad y a nuestra democracia. Porque créame, Sr. Rivero, que en última instancia no importa tanto el afanarse en buscar un sistema para elegir los mejores, como el defender el mejor sistema de elegir. Y este mejor sistema sigue siendo la democracia plena, la del pueblo, por el pueblo y para el pueblo.

("*Diario Las Américas*", 2 de abril de 1961)

LA CONSPIRACIÓN DE LA MENTIRA

La mentira ha sido la floración más espesa de este exilio descorazonador y malsano. Cientos de compatriotas que han llegado ávidos de luchar limpiamente contra el trágico engaño de Fidel Castro, se han visto pronto enredados y desalentados en las interminables tramas y falsedades de este ambiente. Para combatir la mentira comunista se hacía preciso tolerar la mentira del exilio. Había que tolerar que algunos de los que ayer se habían prestado a asesinar la libertad en Cuba se presentaran hoy como campeones de la democracia; había que permitir que la politiquería se disfrazara de interés patriótico; había que aceptar que la sumisión frente a los funcionarios norteamericanos luciera como digno erguimiento nacional. Decir la verdad, señalar pactos de ambición acusar maniobras oscuras, era, según acuerdo unánime, hacerle el juego a Fidel Castro y traicionar a Cuba. Para combatir la mentira había que empezar por transigir con la mentira.

Y ahora, después del desastre de Girón, cuando casi todas las familias cubanas llevan en la carne el dolor de una ausencia y en el alma el peso de una desesperanza, se quiere mantener el procedimiento y redoblar el sistema. Que nadie indague por las causas de la tragedia, que nadie exija responsabilidades, que nadie señale a los culpables. Hay que echarle tierra al asunto y continuar adelante. Indagar, exigir, señalar, aun cuando se haga con propósito constructivo, es hacerle el juego a Fidel Castro. Para continuar la lucha contra la mentira tenemos que seguir soportando la mentira.

Pues bien, creo que ya va siendo hora de romper el sistema execrable. Creo que ya está palpable y dolorosamente demostrado que a Fidel Castro no se le ayuda demandando verdades, sino apañando mentiras. Pienso que si cada vez que un muchacho se escapaba de los campamentos, o llegaban noticias de la verdad de los entrenamientos, o circulaba el rumor de un golpe de estado en el Ejército de Liberación, o se conocía de algún pacto mezquino, se hubiera alzado veraz e incontenible la denuncia pública y se hubiera exigido el diáfano esclarecimiento de los hechos, el crimen de la invasión suicida no se hubiera cometido, y tal vez sería Fidel Castro el que hubiera mordido la derrota. Pero en cada caso se demandaba el silencio comprensivo, y esa cadena de silencios culpables condujo al estéril holocausto de las vidas y las esperanzas de cientos de heroicos combatientes de la libertad.

Y, a pesar de todo, se pretende mantener el sistema del silencio y el susurro. Mientras la prensa norteamericana todos los días descubre nuevos detalles espeluznantes de cómo se llevó a cabo la criminosa intentona de invasión, a los cubanos, precisamente la carne propicia de ese sacrificio, se les pide que cierren sus heridas en silencio y que no se preocupen de saber quién responde de esas profundas heridas. No tenemos ni siquiera el derecho de preguntar cómo es posible que once muchachos murieran de hambre y de sed en una balsa, *porque nadie se ocupó de enviar aviones o barcos de reconocimiento a buscar los posibles sobrevivientes del desastre*. O demandar sobre la veracidad del secuestro de los líderes de la causa cubana, encerrados y amenazados, según dice la prensa norteamericana, con ser ametrallados si intentaban salir. Porque si el hecho es cierto, tales líderes debieron haber denunciado de inmediato el trato vejaminoso e indigno; y si es falso, ya debieran haber dado una desmentida viril y decisiva, para salvar su prestigio personal y la dignidad de la causa que representan.

Es hora de que los cubanos realicemos un acto que todavía no se ha efectuado en el exilio: una Asamblea de la Verdad. Y que a ella acuda cada cual con las pruebas que tenga de cómo fue el trato en los campamentos, de cómo había lugares a los que se les llamaba "Esbirrolandia", de cómo hubo soldados enviados al combate sin saber apenas disparar, de cómo hubo intrigas y golpes de estado, de cómo en el ejército que iba a luchar contra la dictadura hubo muchachos presos por oponerse a la dictadura de algunos luchadores, de cómo no hubo apoyo aéreo, ni preparación suficiente, ni contactos con el clandestinaje, y que cada cual allí exponga su verdad y acuse a los culpables, sean éstos cubanos o norteamericanos. Para luego, una vez disipado el ambiente, decidir cómo continuar la batalla de liberación.

Y si se me dice que de un acto así vamos a salir desmoralizados, respondo que ya estamos desmoralizados por no habernos atrevido a realizar un acto así.

Y si se me dice que de ese acto vamos a salir divididos y peleados, respondo que más vale estar divididos pero firmes en lo que cada cual considera su verdad, que unidos y débiles en torno a lo que todos sabemos que es mentira.

Y si se me dice que no vale la pena gastar energías en acusaciones, respondo que más vale ser enérgicos ahora que aún puede hacerse algo, que tolerantes y lamentosos cuando ya todo esté perdido.

El silencio y la mentira hasta aquí nos han conducido, vamos a cambiar el sistema para ver si abrazándonos a la verdad recobramos la fuerza y la moral que nos hacen falta para alcanzar la victoria, o por lo menos, para seguir con la dignidad a nuestro lado.

("Diario Las Américas", 5 de mayo de 1961)

FIDEL ENTRÓ POR LA POSTA 4

En torno a un aniversario del 10 de marzo

> *La verdadera desesperación no nace cuando se lucha contra un enemigo poderoso, nace cuando se pierden de vista las razones por las cuales se lucha.*
>
> ALBERT CAMUS

Pronto se cumplirá un aniversario más del madrugón oprobioso. Y como solemos ser de frágil memoria y se patentiza un agresivo interés en velarnos los recuerdos y desviar las responsabilidades, conviene refrescar el proceso histórico que nos condujo a la tragedia actual.

El 9 de marzo de 1952 no regía en Cuba un gobierno comunista: existía un régimen democrático y constitucional que estaba a punto de concluir su mandato. Se trataba de un gobierno corrompido y vacilante, pero sus lacras eran exhibidas cotidiana y públicamente: no había censura... El 9 de marzo el aldabonazo chibacista había obligado a los partidos políticos a reajustar sus fuerzas en torno a candidatos de honesta reputación... El 9 de marzo Fidel Castro era un demagoguillo más que hacía pininos políticos en el Partido Ortodoxo... El 9 de marzo los comunistas, privados de los privilegios que Batista les había concedido, eran un grupito desconcertado que no tenía cómo ni con quién conspirar... El 9 de marzo, pleno de confianza en su destino y en el de su país, el cubano tenía un decir que le brotaba exuberante de su propia entraña optimista: "¡No hay problema, hermano, no hay problema!".

El 10 de marzo hubo problema. Sin más pretexto que su descarnada ambición, un grupito de delincuentes de uniforme entró en Columbia, sacó los tanques y derribó la Constitución y la legitimidad... El 10 de marzo el pasado se hizo futuro y el futuro se volvió pasado. Un manto de estupor y de tristeza cayó sobre el país... El 10 de marzo los comunistas pudieron hacerse clandestinos y disfrazarse de luchadores democráticos... El 10 de marzo Fidel Castro comprendió que las barreras legalistas y electorales que lo encerraban en un hacer político menudo se habían derribado y que se le franqueaban amplias posibilidades de botín revolucionario. De polluelo inofensivo en corral democrático, se transformó en peligroso halcón cuya pupila oteaba todo un horizonte de violencia... El 10 de marzo había ilegalizado el orden jurídico y legitimado la violencia... El 10 de marzo los hombres que entraron en Columbia por la posta 4 no advirtieron que con ellos marchaba la sombra de Fidel Castro Ruz.

A dónde conducía el camino que se había iniciado el 10 de marzo, lo comprendió mucha gente en Cuba. Por eso a medida que el ambiente se cargaba de tensión y los centros educacionales se cerraban y la juventud se desviaba de su normal vivir, múltiples instituciones públicas y privadas, la prensa y el pueblo reclamaron insistentemente un rápido retorno a la normalidad democrática y la vía electoral.

Ante tan sensatas y salvadoras peticiones, el gobierno tuvo una respuesta histórica: "¡Hay que darle candela al jarro hasta que suelte el fondo!"

Y cuando alguien señalaba la inminencia de la guerra civil, las sombrías posibilidades que negreaban el futuro, los más acérrimos partidarios del gobierno señalaban un retrato de Batista y respondían con uno de los gritos que más ha prostituido la virilidad de un pueblo: "¡Éste es el hombre!"

Así se quebraron todos los puentes y se cerraron todos los caminos. Y mientras el gobierno se hundía en su propia corrupción, el crimen inútil, la torpeza sistemática, la desesperación colectiva, daban fuerza y aliento a la rebeldía.

En diciembre de 1958, el jarro se había calentado tanto que al hombre se le quemaba la mano. El hombre olvidó la bala en el directo, recordó el dinero en los bancos y huyó al extranjero. Se fugó en plena noche, como había llegado, abandonando a sus partidarios, abriéndole las puertas al diluvio. Y para colmo de rebajamiento, le regaló al enemigo el simbolismo de una fecha. Batista escapó el 31 de diciembre, para que el barbudo pudiera iniciar el año con una aurora de victoria.

El 10 de marzo de 1952 la tristeza fue general. La tristeza era legítima: se había hundido la república. El día primero de enero de 1959 la alegría fue aún más general. La alegría era legítima, lo falso era el salvador. De ahí que nadie deba arrepentirse de haberse regocijado el día primero de enero, porque lo que se celebraba era el renacimiento de la libertad y de la república. Y la existencia de un Judas no invalida la Pascua de Resurrección.

De todas formas, el proceso que se inició el 10 de marzo de 1952 culminó el primero de enero de 1959. Por eso, mientras a su lado estallaba el entusiasmo, montado en un tanque enemigo, marchando rumbo a Columbia, repasando toda la serie de errores y torpezas que le habían regalado una nación, comparando su triunfo esplendoroso con el modesto destino que le estaba deparado, de no haber sido por el 10 de marzo, sin atreverse a creer todavía en lo absoluto de su victoria, Fidel Castro repetía en voz baja, una y otra vez, estremecido de agradecimiento: "¡Gracias, Batista!"

("Diario Las Américas", 1 de marzo de 1962)

EL SUICIDIO DE LA DERECHA EN LA AMÉRICA LATINA

> «¡*La inmovilidad me salva!*, gritaba la roca... Y *la tierra se movió bajo la roca*. Y *la tierra se tragó la roca.*»
>
> (*Historia de los Kabilas*)

Definir a alguien como situado a la "derecha" o a la "izquierda", implica siempre una inicial vaguedad. Se precisa, de inmediato, ubicar a la persona que juzga. La izquierda de mucha gente está a la derecha de otras; la derecha de los comunistas es, a veces, vociferante izquierda para algunos. En Latinoamérica, donde el barroquismo ideológico es tradicional y los mismos conceptos, "revolucionario", "progresista", se entrelazan y cruzan en los más diferentes grupos y partidos, la clarificación es aún más difícil.

No obstante ello, no hay duda que la distinción ofrece un cierto margen de claridad... la izquierda es movimiento, la derecha es estabilidad. La izquierda, pues, en mayor o menor grado, de ahí sus múltiples matices, está empujando hacia la transformación, hacia la apertura o ruptura del orden existente; en mayor o menor grado, de ahí sus variaciones, la derecha clava sus talones en la tradición y cierra los puños entre las bridas que frenan los arrebatos sociales.

Lo cual no es malo en principio. No todo cambio es saludable ni la estabilidad es por sí misma negativa. En sociedades maduras, las dos posiciones desempeñan funciones históricas de trascendencia: la izquierda impide la paralización enervante de sociedad, la derecha evita los saltos precipitados y turbulentos. Es en tales sociedades donde se realiza el precario equilibrio que añoraba hace años Gonzague de Reynold: "Cuando en una sociedad los conservadores aceptan lo que hay que destruir y los revolucionarios comprenden lo que hay que conservar".

Ahora bien, empezamos a descubrir la zona trágica del problema en la América Latina, cuando advertimos que la estabilidad en nuestros países implica muchas veces la supervivencia de un orden desajustado y minoritario que asienta sus bases en una vasta urdimbre de injusticias. Sabido es que, desde la independencia hasta bien entrado el siglo XX, la mayor parte de los cambios políticos en nuestro continente, sobre todo en países de población india, no han sido más que piruetas de grupos sobre las espaldas de un pueblo silencioso y ausente. Las formas y reformas apenas si arañaban las viejas estructuras coloniales.

Hoy todo esto ha cambiado, o está en proceso de cambio. Las incitaciones históricas del siglo XX, la presión de un mundo circundante erizado de conflictos, la alerta conciencia de muchos grupos nuevos, la mera gravitación de una población creciente que se desborda entre campos y ciudades, ha erguido en toda la América Latina una poderosa y agresiva voluntad transformadora. Frente a ello no caben ya los viejos paliativos económicos ni la persistente vaciedad de los partidos políticos tradicionales. Quien no vea la peligrosidad del cambio no tiene luz para el futuro. Porque lo que está en riesgo ahora son las formas radicales de la sociedad: el ceño fruncido de las masas no amenaza a éste o aquel partido político, o a éste o aquel grupo económico, *sino a la existencia misma del sistema que hace posible los partidos políticos y los grupos económicos.*

LAS FUERZAS EMERGENTES

Al conjuro de los nuevos tiempos, dispersas en diversos nombres pero unidas en comunidad de objetivos, dos fuerzas esenciales se han alzado frente a las viejas estructuras: la de los que sostienen que el proceso democrático ha sido hasta ahora una farsa de minorías y quieren distender sus límites para realizar una verdadera democracia, es decir, una democracia de raíz popular, de contenido social, dinámica en su hacer, digna en su nacionalismo; y la de los que acusan a la democracia de ser en sí misma una farsa irremediable y defienden la convulsión destructora y la férrea dirección del partido totalitario como único camino salvador. Es decir, los que luchan contra la mala aplicación de un buen sistema y los que combaten al sistema como malo.

LA POSICIÓN DE LA DERECHA

Evidentemente, dadas las condiciones históricas y sociales anotadas antes, la posición de una derecha responsable y consciente tendría que ser la de un franco, o cauteloso, apoyo a las fuerzas que representan la evolución progresiva antes que la revolución destructiva. Tales fuerzas son las únicas que pueden salvar lo que Mirabeau llamaba en Francia "la subitaneidad del tránsito", es decir, la transformación de una estructura social en otra, sin derriscarse en el terror o la dictadura. Combatirlas significa entorpecer la construcción del único puente que se tiende sobre el abismo social.

No obstante ello, no obstante la vieja lección de México, donde los grupos oligárquicos con una miopía increíble destruyeron a Madero, el idealista y moderado Madero, creyendo que él era la única espada que los amenazaba, cuando era él en realidad el único escudo que los protegía del radicalismo rampante; no obstante las señales de los tiempos que se trenzan sobre los Andes, la actitud de muchos grupos de la derecha en nuestro continente sigue siendo retrógrada y suicida; defender a ultranza el *statu quo*, paralizar por peligrosa toda intención reformista y, sobre todo, acusar de comunista a todo aquél que levanta una bandera de justicia social. Hace poco, en el corazón de Colombia, en Medellín, donde ciertamente hay una vibrante conciencia industrial, un hombre de negocios me decía en tono preocupado: "Lo malo es que, en Latinoamérica, la izquierda tiene a los intelectuales". "Puede ser —le contesté—, pero también puede que sea algo peor: que para la derecha todo intelectual sea izquierdista".

Esta suspicaz actitud anti-intelectual, anti-progresista, anti-reformista que hace a la derecha clasificar como comunista a grupos que, inclusive, combaten fieramente la ideología comunista, tiene sus raíces últimas en una vieja y profunda desconfianza hacia todo partido o proceso auténticamente popular, hacia toda energía radicalmente democrática. De ahí que la derecha apoye, como mal menor, la inautenticidad democrática, la farsa parlamentaria, la corrupción burocrática, cuyas mallas invisibles, pero venenosas, detienen y diluyen los juveniles entusiasmos, las iniciativas fecundas, los proyectos generosos y dejan al final fórmulas anémicas, repeticiones fantasmales de programas que alguna vez encerraron las esperanzas de la multitud. Como bien mayor, este tipo de derecha suele siempre añorar y alentar el golpe militar, el gobierno de fuerza que impone y garantiza el orden secular e inamovible.

Así tenemos, pues, que muchas veces las secretas aspiraciones de la ultra-derecha coinciden con los abiertos propósitos de la extrema izquierda: la derrocación de todo gobierno democrático que tiene un firme propósito de hacer. Ambos se atemorizan ante las reformas. Unos por lo que le quitan de paz, los otros por lo que le quitan de guerra. De ahí, por ejemplo, la coincidencia batistiana-comunista en

Cuba, en el pasado, o la alianza de los comunistas con los ex-militares de Pérez Jiménez en Venezuela, en el presente.

Lo único es que en tales extraños pactos, la derecha lleva todas las de perder. Porque los comunistas tienen un plan, y un mensaje, y una doctrina. La derecha sólo tiene el ejército. Y al futuro no puede mirársele siempre a través de una mirilla de fusil.

EL TIEMPO ES CORTO

No nos quedan ya vastas reservas de paciencia para esperar por el lento desarrollo de un verdadero proceso democrático. Las defraudaciones han sido muchas y los logros pocos. Hay, pues, que convencer haciendo.

De ahí la sensación de agonía que invade a todo el que recorre los caminos de nuestra América y oye, de vez en cuando, a parlamentos impávidos rumiar jornadas inútiles, como si no nos anduviera rondando la impaciencia. O cuando entra en contacto con la fecunda inquietud de una juventud todavía sana, que quiere hacer, que quiere volcar sus energías en proyectos nacionales y se siente frustrada e hirviente ante las barreras de la politiquería y la componenda, de la inercia y la apatía de los que duermen en el sueño de lo tradicional.

Cada esperanza popular que se esfuma, cada presidente que defrauda, cada proyecto democrático que se quiebra en el vacío, cada gobierno que cae bajo la culata de los fusiles, es un arma más para la minoría que grita que los presidentes y los proyectos y los gobiernos democráticos no son más que engañifas de los que quieren perpetuar sus privilegios.

El caso de Cuba, tan distorsionado y mal interpretado por la irracionalidad de los ataques y las defensas, sirve, en el mejor de los casos, para demostrar la quiebra de una minoría dogmática que se empeña en importar soluciones despóticas y extrañas. La crisis cubana sirve para demostrar a dónde conduce la irresponsabilidad y el desprecio por el factor humano; pero no sirve para justificar situaciones pre-revolucionarias ni para defender la necesidad de la no-transformación. Todo lo contrario, los desastres de la revolución cubana están nublados para aquéllos que sólo ven los males de su propia nación. En medio de esa niebla, si se cierran todos los otros caminos de progreso y de reforma, la silueta cubana ganará en atractivo y tentación para los fervorosos que no se resignan a soportar el cerco del presente.

Quedan, pues, bien claros los destinos. O la derecha ayuda a canalizar las energías nacionales, abre compuertas en los diques políticos para que las corrientes sociales inunden ordenadamente las zonas infecundas del país; o se opone a la marea y cierra sus canales y deja que la presión aumente hasta que derribe violentamente los últimos cimientos de los diques. O se suma inteligentemente a las fuerzas históricas de la evolución o se encarga de armar la pistola de la revolución.

Y, después de todo, para cualquier derecha, el fomentar, aunque sea indirectamente, la revolución es una vieja y elegante manera de suicidarse.

Publicado en "Caretas", Lima, Perú. Agosto de 1964.

EL PROCESO DE LAS IDEAS EN CUBA

LA PERSPECTIVA

Hablar de Cuba ante cubanos, sin caer en las usuales urgencias ambientales, se hace cada día tarea más trabajosa. Llevamos todos adentro, protegiéndola de la erosión del tiempo, una visión personal e intransferible de la Cuba que vivimos, un fragmento de recuerdo que, por ser entrañable, se nos ha hecho marco central y casi único de nuestras añoranzas. Y, sin embargo, ese nuestro luminoso pedazo de tierra cubana, se nos puede volver espejismo y engaño. Nos alienta y nutre, pero también nos empaña la visión cuando tratamos de juzgar o medir las dimensiones completas del proceso cubano. Si la evocación se queda prendida amorosamente a un pedazo de la calle Enramadas de Santiago de Cuba, o a los gloriosos atardeceres de Cienfuegos; si Cuba se nos concreta en la blanca languidez de Varadero o en el cálido derroche humano de las calles habaneras, en el fragmento de campo que fue nuestro o en el rincón amable de nuestro pueblo natal; si al hablar de Cuba el alma se nos inunda de aroma cafetero, de sonrisas y saludos, de la suave sensualidad de los tabacos; entonces, el hacer una pausa reflexiva, el dar dos pasos atrás para ampliar la visión e incluir todos los factores inteligibles del proceso cubano se nos hace faena dolorosa y trabajosa. Prendidos del detalle que amamos, se nos escapa el conjunto que deberíamos conocer.

Y, sin embargo, de eso se trata esta noche, de hacer un esfuerzo por alejarnos de la emoción para abrirnos a la reflexión. Después de todo, si para algo puede servir la cuota de soledad y perspectiva que forzadamente nos otorga el exilio, ha de ser para eso, para aprovechar la distancia en un mejor abarcamiento del panorama nacional, para tratar de ahondar en nuestras raíces y encontrar las savias que nos han de mantener la cubanía erguida frente al tiempo y la distancia.

Hago de inmediato una modesta pero imprescindible aclaración: meditar sobre el proceso cubano no implica, a mi juicio, dar con las causas del fenómeno Castro. Ello sería caer en un determinismo histórico del cual, mientras más hurgo en la Historia, más alejado me siento. No, no se trata de caer en la trampa de las explicaciones fáciles y los argumentos precarios, ni de permitir que la sombra de Fidel inunde también nuestro pasado. Porque conviene advertir que ese escorzo histórico es pirueta común de nuestro tiempo. Que los investigadores contemporáneos, más o menos influidos por el determinismo marxista, apenas ocurre en alguna colectividad un cataclismo social, se vuelcan hacia el pasado en busca de las causas y los síntomas precursores del desastre. Naturalmente que siempre encuentran muchos, pero suelen olvidarse de que el propio cataclismo les ha condicionado la pupila, que como ya saben del desastre, todo lo anterior les luce camino que conducía al desastre. Y entonces, súbitamente, todo el proceso histórico resulta infestado de síntomas enfermizos y la enfermedad el resultado natural de un desarrollo inevitable. Así hay quien dice: "Ah, en Cuba había ignorancia... ¡por eso vino Castro!"; "Ah, en Cuba la política estaba corrompida... ¡por eso vino Castro!"; "Ah, en Cuba no había religiosidad... ¡por eso vino Castro!", etc. etc. Entre otros factores, pierden de vista esos señores, algunos de ellos recién estrenados "expertos" en Cuba, que en muchas zonas de Latinoamérica hay mucha más ignorancia, mucha más irreligiosidad, infinitamente más pobreza de la que había en Cuba, y que, a pesar de reiterados esfuerzos, aún no les ha brotado ningún Castro. Se olvidan de que, como decía el viejo Séneca, a la verdad se suele llegar por caminos complicados y lentos.

    Esta noche yo voy a conversar con ustedes tan brevemente como el tema lo permita sobre el proceso de las ideas en Cuba. Pero no de las ideas en puro desarrollo teórico, no de las corrientes filosóficas que con mayor o menor profundidad rasgaron el horizonte intelectual de Cuba, sino del bloque de convicciones esenciales, ambientales, que sustentaba la colectividad cubana; la colectividad íntegra, es decir, tanto las ideas que movían a la élite intelectual, como las que aceptaba o barruntaba el pueblo, la masa que constituía la nación cubana. Tal dualidad es necesaria para tener una visión más completa del perfil ideológico de nuestro pueblo, para tratar de entender hasta qué punto marchaban juntas o desunidas ambas corrientes. Tanto más sugerente es la investigación, cuanto que la primera ojeada que echamos al tema nos destaca una aparente contradicción que vamos a apuntar inicialmente, con intenciones de volver a ella en el curso posterior de nuestra charla: y es que en el centro del pueblo cubano, famoso por su alegría y ligereza corre una tradición literaria de pesadumbre y tristeza, que desde hace muchos años, en el corazón de la isla del azúcar hay un persistente latido de amargura intelectual.

Pero, para mejor sacarle el jugo a tal inicial comprobación, asentados ya en la necesaria perspectiva histórica, empecemos por hacernos esta radical pregunta: ¿Cuándo nace Cuba?

Claro que tal pregunta no puede contestarse a cabalidad. En aras de la premura hemos de sacrificar, pues, todas las tentaciones de detenernos en los múltiples indicios, atisbos, señales que desde los primeros años coloniales van creciendo y entonando un definitivo acento cubano. Ni siquiera podemos escrutar un poco la premonición que se encierra en la primera frase que conocemos escrita por un cubano, aquel primer grito de dolor, tan acorde con la paradoja que inicialmente señalamos, de Miguel Velázquez, canónigo de Santiago de Cuba, que allá en 1547 definía a nuestra isla bella y exuberante: "Triste tierra, como tierra tiranizada y de señorío..." Menester es quemar los siglos precursores y fijarnos en la primera generación que nos habla ya con inconfundible voz cubana; la generación que marca el salto esencial de la factoría somnolienta a la colonia alerta, la primera que bulle con voluntad de hacer, la que tiene prisa por edificar una patria y que, en un doble y generoso empeño, pone al servicio de tal ideal a un tiempo el material y el esfuerzo: la generación de Varela, de Luz y Caballero, de Saco. Arriesgando la síntesis podemos decir que con ellos nace Cuba.

Preciso es, pues, detenernos un poco a contemplar los rasgos de esa Cuba que con ellos nace.

EL SIGLO XIX: DEL IDEAL A LA ACCIÓN

En la primera mitad del siglo XIX hay en muchos sectores cubanos un como rebullir de colmena. La tragedia de Haití ha distendido el horizonte económico y la minoría criolla, aguijada por Arango y Parreño, importa esclavos y maquinarias y pone a la isla en primer plano productivo. Dentro de esa minoría, mentes alertas vislumbran todo el vacío intelectual que domina en la factoría azucarera y vuelcan sus esfuerzos en la creación espiritual. El signo que los agrupa es la prisa. Varela, Luz, Saco, Del Monte, Bachiller y Morales, son hombres disparados hacia un quehacer urgente. ¿Cuál es tal básico quehacer? Oigamos a su mejor vocero, Luz y Caballero, cuando le escribe a su amigo José L. Alfonso, que viajaba por Francia:

> "Todo el mundo está muy entusiasmado. Yo paso todos mis libros al Ateneo, que con los de mi amigo Casas son más de 4.000 volúmenes escogidos. Conque

venga usted pronto, mi Don Pepe, y traiga libros y cuadros y piedras y lavas y cuanto Dios crió, para nuestro Ateneo. He aquí nuestra divisa: ¡Reunámonos, instruyámonos, mejorémonos, tengamos Patria, tengamos Patria!" (De la Vida Intima, Edit. Universidad, pág. 194).

Esa hambre de patria, de una patria cuya creación dependía de ellos mismos, explica la radical urgencia y el alborozo matutino que, a ratos, vibra en ese grupo criollo. Casi ninguno de ellos escribe bien. No escribía bien Luz, ni Varela, ni Bachiller y Morales, acaso sólo en Domingo del Monte alienta una voluntad estética. Pero no escribían bien porque les faltaba tiempo para pulir la frase o troquelar la prosa. Apenas leían un libro cuando ya lo andaban comentando, y alentaban a otros a escribir, y fundaban grupos, y ateneos y discusiones. Así van forjando y descubriendo a Cuba: clasificando sus pájaros y maderas, calando su geografía, escribiendo sus primeras novelas, iniciando propósitos científicos, discutiendo vastamente las teorías filosóficas de Víctor Cousin. Alienta en todos ellos una fe que infunden y difunden en la colectividad: la fe en los destinos de Cuba, la fe en el pueblo cubano. El enemigo está en el atraso ambiental, en la ignorancia del pueblo, acaso también en la incomprensión de la España oficial que nada olvida y nada aprende, pero vencidos esos obstáculos, el destino de Cuba se alza ante sus ojos en una infinita voluntad de altura.

Ese ambiente germinador y fecundo, sin embargo, chocaba cada vez más con las duras aristas de una sociedad esclavista y colonial. La obra se enredaba en obstáculos sociales y políticos. Ya en 1861, al inaugurar el curso académico de la Universidad de La Habana, el insigne José Manuel Mestre se quejaba de "cierta especie de indiferentismo que va poco a poco minando nuestra escasa vida intelectual". Malo era el síntoma, pero las causas no eran negativas. Instruida por tan egregios maestros, una nueva generación cubana había aprendido que la cerrazón de España obligaba a más radicales decisiones. La década del 60 se carga de tensiones libertarias para mejor concentrar el esfuerzo. Allá en Bayamo, en el corazón de Oriente, que es el corazón de Cuba, en un acto supuestamente religioso, el gobernador español se sobresalta con los acordes de una música demasiado marcial e intoxicante para religiosa. Los bayameses sonríen socarronamente: el gobernador acaba de escuchar, por primera vez, las notas de un himno que aún no tiene letra, pero sí intenciones: el himno de Perucho Figueredo.

Con el nuevo canto guerrero en los labios, vibra Cuba

por diez años en un magno esfuerzo redentor, hasta que, apagados los ecos de Baraguá, la paz colonial se cierne una vez más sobre la isla. Como diría Unamuno, España ha vencido, pero no ha convencido. Aquí y allá alientan los escombros.

Pero, para nuestro tema, conviene espigar algunos resultados. En primer lugar, la derrota del 78 significó un grave debilitamiento de la minoría criolla. Los líderes iniciales, ricos en caudales y en espíritu, los Carlos Manuel de Céspedes, los Aguilera, los Donato Mármol, los Figueredo, los Agramonte, habían sido dispersados por la muerte, la ruina o el exilio. Casi toda una clase dirigente, enraizada en la tierra y la tradición, había caído para no levantarse jamás. En segundo lugar, la necesidad de reconstrucción imponía la tarea política, en mayor o menor medida casi toda la intelectualidad cubana se ve ahora obligada a abandonar la precaria posibilidad de ensimismamiento que antes había disfrutado, para entrar en la arena política. Finalmente, el período de la postguerra marca también una cierta división en el grupo dirigente: los más claros talentos se agrupan bajo las banderas del liberalismo autonomista; otros, poquísimos al principio, recogen en silencio los enhiestos pendones de la independencia.

Por un momento pareció que los autonomistas tenían en sus manos el futuro de Cuba. Las más altas voces, las más señeras plumas rubricaban sus actos, deslumbramiento de nombres eran sus programas: Cortina, Montoro, Giberga, Govín, Gálvez, Varona. Los mítines autonomistas sacudieron, adiestraron. Pero el caudal autonomista chocó y se deshizo frente a una España irreductible que respondía a todos los clamores cubanos afirmando aún más la espada de su Capitán General. Y la desilusión fue a engrosar la causa separatista, la causa de Sanguily y de Juan Gualberto Gómez, que había encontrado además el genio cumbre de José Martí. Mientras la corriente autonomista apenas si lograba una espuma de reformas parciales para Cuba, en el exilio, no lo olvidemos nunca, en un exilio largo y trabajoso y duro, con manos de seda y voluntad de hierro, tejía Martí la estructura del Partido Revolucionario Cubano.

En 1895, la sangre de Martí ratifica lo insalvable del dilema: o independencia o muerte. Es entonces cuando los autonomistas o, al menos, muchos de ellos, cometen su gran pecado histórico y no se suman a la lucha patriótica e insisten hasta el final en la evolución frente a la revolución. Pecado que pagarán luego ellos individualmente, y también la República, a la cual, en los momentos esenciales de la fundación, han de faltarle muchas voces ilustres, silenciadas de grado o de fuerza por los errores del pasado.

Llega la lucha de nuevo, y el galopar del heroísmo, y el sacrificio constante, y arden los cañaverales y se empapa la tierra con sangre cubana. Y al final asoma a lo lejos la victoria. Pero una victoria extraña montada más en los cañones de Sampson que en la limpia carga del machete criollo. La victoria se queda vacilante, lejana, sobre el horizonte. La República que se soñó y casi se logró como conquista heroica, nace como graciosa donación de poderosos aliados. Y ese bautizo entre luces, esa independencia con sordina, va a ser factor definidor de muchos rasgos en las dos primeras décadas nacionales.

SOMBRAS Y LUCES EN LA INDEPENDENCIA

No se trata ahora de exagerar culpas, al exilio marxista, o de repetir el fácil expediente de muchas almas canijas que excusaban todos nuestros males en razón de la Enmienda Platt. Pero tampoco se puede, en aras de la amistad, borrar ineludiblemente factores históricos. Cabe aquí aquello de Aristóteles: amigo soy de los norteamericanos, pero más amigo soy de la verdad. Considerada en recta perspectiva histórica, en un momento en que los ingleses abatían a cañonazos la república Boer, y las escuadras alemanas rapiñaban tierras por doquier, y las bayonetas civilizadoras de Europa abrían hondos surcos en Asia y en África, la ocupación de Cuba por los norteamericanos y subsiguiente abandono y retirada de tropas, es un gesto de excepcional comedimiento. Así y todo, el gesto fue más que suficiente para abrir un hondo surco en la conciencia cubana. Tras un largo y heroico sacrificio, a pesar de derroches de coraje y generosidad, la República nacía con andaderas y enmendada. Era natural que el golpe produjera una inicial resaca de pesadumbre y tristeza en almas que, como la de Bonifacio Byrne, habían abrigado un más hermoso sueño.

Con todo, lo peor no fue la Enmienda. A pesar de ella, la República dio unos primeros pasos que prenunciaban firmeza. Y entonces la increíble ceguera patriótica de Estrada Palma nos atrajo la segunda intervención. Con ella parecieron deshacerse las últimas ilusiones y los más firmes reductos de esperanza. Las circunstancias parecían ratificar los más negros augurios, de un golpe se desencadenaron en el alma cubana las fuerzas del desfallecimiento y la impotencia. En 1906, Gonzalo de Quesada, nada menos que el discípulo amado de Martí, le escribía a Manuel Márquez Sterling:

> "¿Recuerdas mi profundo pesimismo aquel día triste en que fuimos a sacar de la tierra los restos de nuestro Manuel de la Cruz? ¿Recuerdas cómo tú en-

tonces me tachabas de no verlo todo sino bajo un prisma desalentador y negro? Pues bien, después te volviste también pesimista, y se realizaron los temores de ambos". (Gonzalo de Quesada, "Documentos Históricos", Habana, 1965, pág. 311.)

El pesimismo ambiental emanaba de múltiples fuentes. Emanaba de la natural desilusión del sueño trunco y amputado. Del alejamiento crítico de muchas figuras autonomistas que señalaban la vaciedad de los logros políticos. De una masa española, a la cual la República había acogido generosamente, que respondió las más de las veces con amor y trabajo, pero que también servía a menudo como caja de resonancia para expandir toda burla cruel, toda crítica negativa del carácter cubano. De la creciente ingerencia norteamericana que nos enseñaba, o creíamos nosotros que nos enseñaba, un materialismo rampante y disolvente que todo lo medía en producción y en azúcar. No se hablaba ya de hacer ni de rehacer la Patria, de sueños altos, de nacionalismo fecundo, sino de zafras y cifras, de tierras y ganados, de practicidad concreta y egoísta. En 1910, hablando en el Ateneo de La Habana, una de las más claras inteligencias del momento, el malogrado Jesús Castellanos, sintetizó el ambiente cubano con estas aladas palabras:

"El hombre práctico es, en nuestro país, la máquina de ganar dinero sin trascendencia para la sociedad, es el médico ignorante de la biología, es el abogado sin ortografía que no sabe ni siquiera la historia de su propia patria, es el comerciante para quien los magnos problemas de la patria se circunscriben en la cotización de los azúcares, en el resultado de la próxima zafra. Menguada clase dirigente a la que tal vez algún día habrá que pedir cuenta de la desmembración y la ruina de nuestro país". ("Los optimistas", Habana, 1925, págs. 124-125.)

Y mientras arriba la intelectualidad cubana se debate en gestos de desesperación, de diagnóstico o de protesta, abajo la masa del pueblo cubano sintomatiza su herida abriéndose a la perversión del "choteo", de la burla irreverente y tenaz de todo lo cubano, de la autocrítica inmisericorde. Es entonces cuando, siguiendo una aguda observación de Hernández Catá, el cubano nacionaliza todos los vicios, y no se dice que en Cuba hay vagos o hay ladrones, sino que se dice "el cubano es vago", "el cubano es ladrón", lo cual transforma el vicio no en costra curable y pasajera, sino en raíz maligna. ¿Cómo era posible curarnos si éramos nosotros la propia enfermedad?... Quien quiera medir lo corrosivo de este ambiente, que lea o relea alguna de las novelas de Miguel del Carrión, o, mejor aún, el amargo testimonio de Carlos Loveira en "Juan Criollo" y "Generales y Doctores".

Acaso sólo un hombre hubiera podido servir de dique o de paliativo, al menos en el terreno intelectual, a los crecientes latidos pesimistas. Un hombre que había llegado a la República con una inmarcesible trayectoria patriótica y con laureles exclusivos de filósofo. Pero Enrique José Varona, "nuestra flor de mármol" que llamara Martí, venía ya de regreso de todos los optimismos. En esa época, ya Varona había cambiado su lema juvenil "altitudo, fortuito" por un verso tomado de la trágica cantera de Leopardi, "in renno fundo e scrivo in vento", "fundo en la arena y escribo en el viento", y se había retirado a una soledad espiritual preñada de torvo escepticismo. Claro que Varona luchó contra el ambiente, luchó con su honestidad cívica, con su gallarda postura política, con sus serenas y sabias advertencias (¡y cómo aconsejaría yo a todos los cubanos que leyeran su "Carta a Plutarco" o su artículo final en "Patria"!), pero su talento, su prosa irreprochable y clásica, estuvo siempre refrenada por ese su profundo y amargo escepticismo.

Así avanzaba la República en las dos primeras décadas de su fundación, con retazos de progreso aquí y allá, con expansión azucarera, rica en cañas y famélica en sueños, improvisadora y azarosa, con vacas ubérrimas durante semanas y vacas flacas por años, con una política que se había convertido en el espejo de lo peor de nuestra alma, donde un candidato a senador había deslumbrado al público con sus insospechados conocimientos de latín, al gritar, en traducción caprichosa pero claramente aguda: "Porque hay que recordar lo que decían los romanos: Sic transit gloria mundi..., que significa: ¡Aquí se transa todo el mundo!"..., mientras la masa del pueblo reía con una risa en la cual algunos creían advertir un rictus de amargura.

En 1926, seis meses antes de morir, Manuel Sanguily, cuya vida fue siempre impecable como una espada toledana, miraba hacia atrás y señalaba pesaroso: "Nuestro legado tradicional o, como otros lo llaman, nuestro ideal, apenas si sirve, en luchas engañosas pero envenenadas, como bandera para encubrir, en nombre de la patria, villanías y atrocidades". ("Defensa de Cuba", Habana, 1948, pág. 181.)

Y, sin embargo, en los mismos momentos en que Sanguily vierte esas doloridas palabras, un estremecimiento renovador sacudía la nación y una nueva generación erguía una voluntad revolucionaria, un nuevo sueño de Cuba libre, que iba a alterar profundamente los destinos de la patria y a rejuvenecer las viejas savias del nacionalismo.

LA GENERACIÓN DEL 30:
PENSAMIENTO Y ACCIÓN

Al abrirse la década de 1920, Cuba, en algunos aspectos, había tocado fondo. La corriente inicial, brotada casi una centuria antes, se había anemizado hasta llegar a un latido casi imperceptible. El amor a Cuba, la fe en su destino, parecían haber desembocado en dos actitudes radicales: la desesperación intelectual o la burla popular, el pesimismo o el choteo. Era trágicamente increíble que ya en 1924 Fernando Ortiz estuviera escribiendo sobre "La decadencia cubana" y que más o menos por esa misma fecha Carlos M. Trelles analizara en la *Revista Bimestre Cubana* "El progreso y el retroceso de Cuba".

Debajo de ambas actitudes, como roca esencial de nuestro subsuelo patrio, yacía, sin embargo, un hondo deseo de creer, una infinita voluntad de fe. Confesión de muchos cubanos podía haber sido la gallarda declaración de aquel poeta manzanillero desaparecido prematuramente (¡y cuánto talento cubano se nos ha ido antes de la cosecha!), José Manuel Poveda, cuando escribía en 1922: "Mi egolatría no ha sido otra cosa que el reducto para no claudicar...". Para no claudicar escribían desesperadamente nuestros intelectuales, para no desesperar se burlaba de todo nuestro pueblo.

En la década del 20, sin embargo, el subsuelo asomó a la faz y un estremecimiento de rebeldía juvenil puso a Cuba de nuevo en contacto consigo misma. Nacionalmente, la crisis económica de la postguerra, que barrió con nuestras frágiles fortunas azucareras, abrió los ojos a mucha gente sobre la necesidad de regular un poco la irresponsabilidad económica que nos gobernaba. Internacionalmente, vientos de fronda batían nuestras costas: llegaban rumores vibrantes de la Revolución Mexicana, se oía hablar de una Reforma Universitaria en la Argentina, hondos truenos resonaban en Rusia. Bajo esas nubes de tormenta, se alzó una nueva generación cubana: traía en el puño lemas y banderas capaces de barrer con todo lo que había de oprobio en nuestro pasado; quería, como proclamara Rubén Martínez Villena en verso que aún resuena como una clarinada:

"...una carga para matar bribones,
para acabar la obra de las revoluciones;
para vengar los muertos que padecen ultraje,

para limpiar la costra tenaz del coloniaje;
para poder un día, con prestigio y razón,
extirpar el apéndice de la Constitución...
Para que la República se mantenga de sí,
para cumplir el sueño de mármol de Martí,
para guardar la tierra, gloriosa de despojos,
para salvar el templo del Amor y la Fe,
para que nuestros hijos no mendiguen de hinojos
la patria que los padres nos legaron de pie".

De pie se puso esa generación, dicho sea en su honor, mucho antes del 30, la fecha que rotuló su perfil. Contra un ministro de Zayas se alzó la célebre Protesta de los Trece, contra todo el sistema imperante se desbordó la rebelión. Era una generación radical, nacionalista, revolucionaria. Había aprendido a odiar la Enmienda Platt y a rechazar la tremenda presión del capital extranjero. Vibraba en ellos una insurgencia continental. Era la época en que el "Ariel" de Rodó era biblia obligada de la juventud e Ingenieros había proclamado su moral sin dogmas; la prosa exagerada de Vargas Vila había declarado al yanky enemigo común, y aun Rubén Darío había trazado sobre los Andes su inquietante pregunta: "¿Es que tantos millones de hombres hablaremos inglés?". Era una época en que las alertas minorías cubanas habían repetido en silencio el verso significativo de Agustín Acosta sobre nuestras carretas:

"vadean los arroyos, cruzan las montañas,
llevando el futuro de Cuba en sus cañas,
van hacia el coloso de hierro cercano,
van hacia el ingenio norteamericano...
y como quejándose, cuando a él se avecinan,
cargadas, pesadas, repletas,
¡con cuántas cubanas razones rechinan
las viejas carretas!"

Voluntad de ser proa y abrir horizontes se despliega en el nombre de la revista que agrupa los mejores talentos de tal generación: la revista "Avance". Allí escriben Jorge Mañach, Ichaso, Zacarías Tallet, Baralt, Marinello, Hernández Catá y toda una hornada de nuevos escritores. Allí se recogen y difunden las aspiraciones del Grupo Minorista. La intención renovadora desperezaba letargos en la política, en el teatro, la prosa y la pintura. Pero al cabo, como siempre, la política, en este caso la lucha anti-machadista, forzaría el paso de los esfuerzos obligando a la acción o al alejamiento. No es del caso en esta charla un más detenido análisis de la generación del 30, aunque cabría (y alguna vez espero hacerlo) escribir un libro sobre ella. Bástenos con señalar su firme perfil en nuestra historia. La generación del 30, como un golpe de vino en cuerpo entumecido, restableció en Cuba el calor nacional y la esperanza de ser. Por primera vez en muchos años se sintieron juntos, luchando por el mismo horizonte, el intelectual y su pueblo.

Después de la caída de Machado, con la economía en ruinas y una enorme tarea reconstructiva por delante, una gran parte de los escritores generacionales se internó en los ásperos meandros de la política nacional y agotó allí su posibilidad creadora.

El propio Mañach confesaría en los últimos años que él había sido un esclavo de la "letra efímera", es decir, del artículo obligado, de la producción cotidiana, que le desangraba el talento para obras de mayor envergadura. Después de la caída de Machado y, precisamente, por el ejemplo de lo que hacía o dejaba de hacer la generación del 30, fue germinando en Cuba un creciente desdén por la política. Porque cabe decir, arriesgando un juicio apresurado, que la generación del 30, que fue esencialmente una generación política, triunfó en casi todo menos en la política. Vitalizado el cuerpo nacional, roto el vínculo plattista, con recuperación económica, germinación laboral y nueva conciencia de patria, con todo ese acervo positivo en su favor, el núcleo político de la generación del 30 falló rotundamente en un aspecto esencial: la recuperación moral, la ejemplaridad edificante en el uso del poder. Y por esa gran quiebra ética, empezaría a correr de nuevo una crítica cada vez más corrosiva que empezaría por atacar a los políticos y terminaría debilitando las instituciones.

Ya es sintomático que el primer grupo importante de poetas que emerge en la década del 40, alza en torno a ellos un manto estético de aislamiento y lejanía. Si la generación del 30 se proyectaba hacia el futuro con "Avance", el nuevo grupo se reclina hacia el pasado con "Orígenes". La poesía de José Lezama Lima crea escuela y siembra círculos: Cintio Vitier, Angel Gaztelu, Gastón Baquero, Octavio Smith, y muchos otros, sienten la fascinación de esa poesía remota, hierática, oscura, donde es difícil seguir los tenues y complicados hilos que unen el vocablo a la imagen. Frente a una nueva ola de progreso material y alza de precios, una importante minoría de poetas cubanos se alejaba del diario acontecer en busca de recónditas formas. Casi al mismo tiempo, la novela cubana se hacía gaseiforme con Enrique Labrador Ruiz o se escapaba en la prosa barroca e intelectual de Alejo Carpentier.

Claro que también se despliegan otras actitudes y otras rebeldías. Teníamos en Cuba una poesía afro-cubana que se alzaba a veces en gritos de protesta social. Pero era característico del ambiente, de la nueva escisión entre escritores y colectividad, que ni el verso poderoso y sangrante de Regino Pedroso ni la zumbante poesía de Nicolás Guillén superaron nunca ámbitos minoritarios. El verso afro-cubano llegó al aplauso público, hecho rebajamiento y burla, con la declamación intrascendente de Luis Mariano Carbonell, que hacía restallar la carcajada, pero no abría comprensión ni sensibilidad.

En la década del 40, mientras se alzaban los precios del azúcar y estrenábamos una constitución, viejos acentos críticos reaparecen en nuevos escritores. En esa época, un profesor santiaguero, para quien guardo un personal recuerdo reverente, Carlos González Palacios, escribía en el prólogo de su libro de versos estas amargas palabras: "No se me oculta que hacer poesía en Cuba es la única forma honorable que queda de desprestigiarse". Toque de sensibilidad herida que se hizo meditación certera en ese su otro libro, tan desconocido y tan digno de conocimiento, "Revolución y seudorevolución en Cuba".

En la década del 50, había también en Cuba signos de recuperación moral, semillas de seriedad, alientos dispersos de confianza colectiva, pero el gran mal político seguía cerniendo su sombra malsana. Para colmo, en 1952 el horizonte político se oscureció de repente: pasamos de la corrupción civil y democrática de los Auténticos a la corrupción uniformada y militar de Batista.

Lo que pasó después es proceso demasiado cercano y móvil para enlazarle el análisis. Cerremos, pues, esta charla, *sine ira et studio*, haciendo un breve recuento de cómo nos encontrábamos cuando nos batió el vendaval de 1959.

CUBA BAJO LA TORMENTA

Decíamos que al entrar en la década del 50 Cuba ofrecía un cuadro ambivalente. El ámbito político se nos empantanaba, pero fuera de él, la recuperación de la tierra por el capital nativo, el vigor de la clase media, la protección laboral, la expansión de la empresa privada y otros muchos factores habían distendido una atmósfera de confianza en nuestro destino. A esa confianza popular correspondían, en otro plano, síntomas parciales de progreso espiritual. En algunos reductos, el catolicismo había empezado a ser algo más que mera genuflexión dominical en la iglesia más cercana. La Universidad de La Habana recibía la infusión de profesores jóvenes que contribuían a enseriar los estudios y aportaban voluntad renovadora: Efrén Córdova, Andrés Valdespino, Fernando Freyre, acuden a mi memoria de una lista que no termina con ellos. En el interior de la isla, las Universidades de Villaclara y de Oriente apuntaban hacia una necesaria descentralización de la cultura. Llenando un vacío de décadas, se había fundado una Sociedad Cubana de Filosofía, donde un grupo roturador: Piñera, García Bárcena, Aja, Tudirí, Márquez de la Cerra, Rexach, retomaban con rigor los viejos temas trascendentales del conocimiento. Germinaban algunos libros hondos, como aquel conmovedor *Redescubrimiento de Dios*, de García Bárcena. El teatro cubano tomaba impulso, se multiplicaban las salas y los grupos. En 1948 el Patronato del Teatro organizaba su primer concurso: recuerdo una de las obras premiadas, "Del agua de la vida", del santiaguero René Buch. La pintura cubana entraba en dimensiones internacionales con Wilfredo Lam, Amelia Peláez, Cundo Bermúdez, Portocarrero y toda una pléyade de artistas genuinos.

Pero no exageremos los tonos brillantes. Casi todos estos empeños venían montados en la tenacidad de algunas minorías que avanzaban poco a poco, batiéndose contra innúmeros obstáculos, de los cuales la indiferencia colectiva no era la menor. El materialismo rampante y el desdén ambiental no eran ciertamente propicios al aliento o al aplauso. De ahí que en tales minorías haya vibrado, a ratos, el mismo tono de desesperada protesta que ya habíamos escuchado en el pasado. Eran tenues los hilos que unían a la colectividad con sus creadores. En Cuba, por ejemplo, se leía muy poco y, en general, se desconocía lo cubano. Conocí un librero en La Habana que gustaba de enseñar un rincón de su librería, al que llamaba "las voces del desierto": allí agrupaba a los autores cubanos.

No obstante ello, tales males eran menores en comparación con el hacer político. Nuestra política se había desbandado en tal forma, tan vasta era la corrupción, que cualquier acusación daba en el blanco o recibía inmediata credibilidad. Así nos pululaban fiscales detonantes que mostraban los males sin curarlos; y cualquier micrófono erizado de insultos o cualquier pluma mojada en tinta de improperios se convertía en fácil escala de popularidad. Después de 1952, el cuadro se cerró aún más, invadiéndolo todo, forzando a la toma de posiciones, unilaterizando los esfuerzos. En los últimos meses de 1958, casi todo en Cuba vivía conteniendo el aliento, en espera del resultado de la lucha política. Así llegamos, en enero de 1959, al final del proceso o, mejor dicho, al comienzo de otro.

No cae en nuestro tema, por grande que sea la tentación,

el enfrascarnos en la riesgosa tarea de deshilvanar la madeja del proceso cubano posterior a 1959. Quiero, sin embargo, recordarles la advertencia que clavé al principio de esta charla: los factores ideológicos que hemos recorrido, con excesiva premura, no explican automáticamente el advenimiento de Fidel Castro; no hay entre ellos relación de causa a efecto. Sí sirven, en cambio, si aprendemos a repasarlos, con mayor detenimiento, para aclararnos algunas actitudes y reacciones cubanas posteriores a 1959, cuando dábamos el salto de la revolución cubana "como las palmas" a la revolución marxista-leninista.

Así, por ejemplo, la corrupción política anterior facilitó el que se pasara de criticar el fraude en las elecciones, a criticar las elecciones como fraude, lo cual era mucho más radical y dañino. Y la ignorancia colectiva permitió que muchos católicos no supieran cómo defender su religión, y que un "humanismo" indefinido y precario sirviera para calmar muchas dudas. Y la separación entre La Habana y el interior, la centralización capitalina, ayudó a que el régimen pudiera movilizar amplias masas nacionales que se habían sentido marginadas siempre. Y el subsuelo de fe y esperanza le permitió al gobierno galvanizar todos los sueños truncos y las esperanzas frustradas de honestidad, de nacionalismo, de renovación. Y la desvinculación entre los grupos culturales y entre las clases sociales, la ausencia de una conciencia común, impidió el formar frentes amplios o el oponer acciones conjuntas frente a la tormenta que avanzaba. Bajo tal signo perecimos. Cada cual luchó a su manera, irguió sus convicciones personales (o demostró su falta de principios), pero lo hicimos fragmentariamente, divididos, desconfiados los unos de los otros. Allá también, como acá en el exilio, el cubano demostró su capacidad personal de dignidad y de esfuerzo, y su trágica incapacidad de actuar en grupo. Bajo ese signo perecimos.

Y, sin embargo, ni aun esas condiciones eran esencialmente negativas. Precisamente porque éramos una sociedad sin firmes raíces ni anquilosadas tradiciones, éramos una sociedad maleable, capaz de responder positivamente a un bravo esfuerzo constructor, ávidos de hacer algo por el sueño que dormía en nosotros. Pero nos tocó un escultor que prefería demoler antes que esculpir, quebrar antes que unir... Ésa fue nuestra tragedia... De ahí que cualquier somero repaso del proceso cubano nos hace latir un doble dolor, el dolor de todo el mal que se ha hecho, el dolor infinito de todo el bien que se dejó de hacer. Porque, señores, ¡qué dorada y única oportunidad histórica de construir un firme y justiciero destino, sin odios ni rescores, aleteó en nuestras manos! ¡Qué cruel verla alejarse hacia un horizonte de incendio y sangre!

Yo no sé si la Historia, tan avara en concesiones, tan parca en regalos, ha de ofrecernos una segunda oportunidad. No sé si está en el hoy, o en el mañana, al alcance de nuestros dedos o sólo al alcance de nuestros sueños, la magna tarea de reconstruir la patria. Pero sí sé que esa segunda oportunidad, próxima o remota, no habrá de rendir su causar cauterizante si no aprendemos a meditar en serio sobre nuestra historia, si no retomamos los hilos de aquella primera generación que se reunió y se instruyó para forjarnos la Patria, si no aprendemos que tener Patria no es sólo tener una bandera y un himno, que tener un Estado es algo más que tener un Congreso y una Constitución, que vivir en Santiago de Cuba o en La Habana no autoriza a vivir de espaldas a toda la nación; si no aprendimos a aplaudir o respetar al compatriota que no piensa como nosotros..., si no aprendemos, como dije una vez en un artículo, si no aprendemos a amar a Cuba por lo que ella es y no por lo que teníamos en ella...

Muchas gracias.

(Charla en la Universidad Católica de Wáshington D. C., en el ciclo organizado por el Forum de Estudios Cubanos, en 1968.)

EL "ANANKE" DE LAS REVOLUCIONES

Desde el primer estallido histórico de una cólera colectiva contra la injusticia hasta las actuales demostraciones vociferantes de los "guardias rojos" chinos; desde Espartaco a Mao Tse Tung; de Lutero a Lenin, hay un espectro que atenaza la conciencia de todo líder o caudillo revolucionario: ¿qué hacer con la revolución triunfante?, ¿cómo impedir que las energías espirituales, purificadas en el abrasamiento de la lucha, declinen y se corrompan con el regodeo del poder conquistado?

Para un revolucionario honesto, de ésos que enarbolan su vida por delante, el problema es más grave de lo que parece, porque afecta las raíces mismas, la savia vital de la Revolución. Lo que entra en crisis no es sólo un hombre o un partido, sino la verdad absoluta que se planteó como lema y objetivo revolucionario, el dios conceptual al cual se le ha ofrecido el tremendo sacrificio que impone una Revolución. Porque las revoluciones no se hacen por principios científicos o por cuestiones literarias, se hacen, esencialmente, porque para grupos impacientes la sociedad aparece rasgada en dos bandos: los buenos y los malos, los explotadores y los explotados, los amos y los siervos, y para restablecer la justicia es preciso que los buenos explotados se rebelen y aniquilen a los malos explotadores. De ahí la usual iracundia de los revolucionarios extremosos contra los "contemporizadores", "los medias-tintas", contra los que creen que los malos no son tan malos, que pueden reformarse, o que los buenos no requieren la violencia para imponer la justicia. Para los radicales, la línea es clara y férrea y no admite vacilaciones: quien no está dispuesto a aniquilar a los opresores, está de acuerdo con ellos.

Y ahí, en esa conciencia que aspira a ser impecable e implacable, en ese absolutismo tajante, que es la fuerza y la esencia de todo revolucionario, late la íntima tragedia y contradicción del futuro, el Ananké inescapable de las revoluciones triunfantes. Porque para disparar todas sus energías físicas y espirituales, para cerrarse a todo escrúpulo enervante, el revolucionario ciñe su fe en torno a un espejismo vital: la maldad de los opresores le hace creer en la bondad de los oprimidos, la patente injusticia de los amos hace irradiar la justicia de los esclavos. En el fervor de la causa olvidan la complejidad del fenómeno humano, no advierten que en muchos esclavos alienta no sólo la voluntad de ser libres, sino la voluntad de ser amos, que un salto violento sobre las cadenas convierte en opresores a muchos oprimidos. Por eso, cuando después del triunfo la realidad humana asoma su faz múltiple, cuando empiezan a descubrirse maldades entre los buenos victoriosos, o bondades entre los malos caídos, se inician los azoramientos y las contradicciones, las purgas y los drasticismos o los clamores de la revolución traicionada.

En principio, en la era moderna, el mito bordoneó al "pueblo". Navegando alto en la ola del desarrollo económico, la clase media francesa veía frente a sí los anacronismos, las injusticias, los irritantes privilegios de la nobleza. A sus espaldas bullía una masa confusa y anónima de franceses a la cual los teóricos llamaban "el pueblo". Y movida por los grandes abusos, y también por esas pequeñas humillaciones personales que forjan tantos radicalismos —Barnave irritado porque su madre tenía que ceder su palco a un noble; madame Roland indignada porque en el Chateau de Fonnay se la puso a comer con los sirvientes—, muchos futuros revolucionarios idealizaron y santificaron al pueblo. Los filósofos les habían brujuleado la nueva mitología: los malos eran los nobles, lo bueno era "el pueblo". El pueblo en abstracto, el pueblo en voluta ideológica en cuyo nombre se hablaba y cuyas virtudes inmarcesibles eran dogma de fe de sus autonombrados voceros.

Y llegó la Revolución y el teorema "pueblo" se concretó en miles de rostros y de gritos, en masa multifacética capaz de las más grandes noblezas y de las más grandes villanías. El pueblo lo formaban franceses que corrían a sacrificar su vida por la patria y turbas que irrumpían en las cárceles para asesinar a los presos. El ideal se hizo carne y la carne se hizo furia y los primeros voceros comprendieron que era más fácil alzar los vientos que dirigirlos después. Pero como, inicialmente, la furia se abatía sobre la nobleza, los revolucionarios iniciales, algo amedrentados ya, aplaudían todavía: "El pueblo, en su santa indignación, ha cargado contra los enemigos de la patria...", escribía en 1792 madame Drome [1]. Pero la santa indignación encontró voceros nuevos: Marat, Dantón, Robespierre, y amplificó su curso... y un día mada-

---

[1] Albert Mathiez, *The French Revolution*, New York, Grosset & Dunlap, 1964, pág. 181.

me Roland pasó frente a la nueva estatua con la múltiple inscripción "Libertad, Igualdad, Fraternidad", camino del cadalso, sin tiempo apenas para musitar una frase melancólica en los oídos de la Historia.

Bajo la sombra de la nueva estatua, el pueblo seguía luchando, entregando su carne generosa en el Rhin y en Bélgica, en La Vendeee y en Italia, y seguía aplaudiendo el desfile interminable hacia la guillotina. En el pueblo estaba Fouquier Tinville, el fiscal relámpago, y Herbert, el padre de los descamisados, y Gracus Babeuf, que soñaba con la igualdad económica de todos, y también un teniente de artillería que andaba rondando la gloria y calculando todo lo que podía hacerse con aquella vasta energía popular que se dilapidaba porque no había voces firmes que supieran dar las necesarias órdenes. Y porque todos eran pueblo y Robespierre había visto al pueblo como realidad-concreta, de todos sospechaba Robespierre. No sólo de los nobles, cuyas cabezas ya habían rodado en suficiente número, sino también de sus compañeros, los revolucionarios triunfantes que no veían claro lo que estaba claro para Robespierre. Como siempre, surgió la fórmula que todo lo define porque no define nada: "Hemos creado el despotismo de la libertad para liquidar la libertad del despotismo". Y si alguien vacilaba ante lo sibilino de la fórmula, la justicia robespierana le segaba definitivamente las vacilaciones. Así fueron a la guillotina, paseando sus ojos asombrados por sobre el pueblo vociferante, Camilo Desmoulins, y Herbert, y Danton... Y luego, cuando el miedo se disfrazó de coraje, Robespierre, y Fouquier Tinville, y Saint-Just, y los jacobinos; hasta que el teniente de artillería dio la orden precisa, en el momento preciso, para abrir una nueva época en la historia.

Después del incendio, quedó en muchos como un escombro de pavor. "La Revolución es la negación armada (nihilum armatum)", definía santiguándose en 1856 el vicario de Reims. En otros sobrevivió lo que de generosa y creadora tuvo la explosión. La lucha por los derechos del pueblo se hizo más general, pero también más cautelosa. El ídolo había mostrado su faz de sufrimiento, esperanza y odio, y era aconsejable ponerlo en pedestal menos violento, darle derechos, organizarlo políticamente, integrarlo plenamente en la sociedad y evitar un nuevo estallido de "santa indignación". Cuando en 1848 la República de Lamartine vio desfilar a los obreros de Blanqui, llamó en su ayuda al sobrino del teniente de artillería para que restableciera el orden.

¡Ah!, pero otros, unos pocos campeones, recogieron los pedazos del ídolo y descubrieron la falacia. El pueblo todo había sido convocado y sacrificado para que triunfara un grupo. A los nobles habíanles sucedido los banqueros, la aristocracia se medía no en blasones sino en dinero, la burguesía rampante se había adueñado del poder y puesto en manos más eficientes y organizadas la nueva explotación. Los buenos no eran "el pueblo", eso era una artimaña política o una ilusión de soñadores utópicos. Pueblo es el que puebla, es decir, el noble, el burgués, el campesino, el cura, el obrero... y en él había muchos mercaderes del templo. La evidencia de la nueva injusticia llamó a los nuevos sacerdotes. El templo de los justos quedaba reservado no para todo el pueblo, sino para la masa específica y homogénea sobre cuyas espaldas sudorosas se erguía la sociedad burguesa. Una vez más funcionó la ecuación justiciera: los malos eran los capitalistas, los burgueses y sus aliados, los buenos eran los pálidos trabajadores diseminados en fábricas y minas, los explotados de nuevo... Había nacido un nuevo ídolo: el proletariado. A la fórmula mágica de Robespierre siguió la prestidigitación dialéctica de Marx y Engels: la lucha de clases, el motor de la historia, terminaría con la victoria de una clase y tal victoria marcaría el fin de las injusticias y de la explotación... ¡Proletarios de todos los países, uníos!

En 1871, anunciando el nuevo evangelio, la Federación de Trabajadores de Zaragoza proclamaba: "El día de la gran justicia se aproxima... No habrá pobres... no habrá criminales... No habrá ladrones... No habrá cárceles, ni presidios, ni cadalsos, porque se acabarán las infamias..."[1].

Con el tiempo, sin embargo, algunos marxistas observaron cambios favorables hacia el proletariado y creyeron que podía prescindirse del llamado a la violencia, del salto hacia la dictadura del proletariado para alcanzar la liberación definitiva. Sacerdotes airados les arrojaron el anatema de "revisionistas" y purificaron el templo doctrinal. "El propósito que me he propuesto en este libro —escribía Lenin en el prólogo de *Materialismo y Empirismo*— es simplemente averiguar qué les pasa a esos que bajo el disfraz del marxismo están ofreciendo algo engañoso, confuso y reaccionario"[2].

Y, por fin, llegó el día de la gran justicia, la revolución proletaria, la aurora de la humanidad. Pero la aurora prolongaba el rojo de las ideas y de la violencia. Algunos socialistas vacilaron ante la crueldad con que se anunciaba la nueva justicia. Frente a tales vacilaciones, desde el fondo de Rusia, Trotsky volcó sus imprecaciones sobre aquéllos que, como "el renegado Kautsky", habían osado decir que la "li-

---

[1] Hilario González, *Cuestiones sociales*, Toledo, Menor Hnos., 1895, pág. 65.
[2] Lenin, *Collected Works*, New York, International Publishers, 1927, pág. 2.

beración" bolchevique se parecía mucho a la opresión zarista. Con pluma hirviente de desprecio, el Profeta Armado, como lo llama Deutscher, les arrojó su aplastante explicación: "El terror del zarismo estaba dirigido contra el proletariado... Nuestros comisarios extraordinarios fusilan terratenientes, capitalistas y generales que están luchando por restablecer el orden capitalista... ¿Comprenden esta distinción, santos varones? Para nosotros, comunistas, es más que suficiente"[1]. En efecto, la explicación era tajante y suficiente: la bondad o la maldad del bando es la justificación de los medios. El terror es malo cuando se ejerce contra el proletariado y es bueno cuando el proletariado lo ejerce. «En cuanto a nosotros —continuaba Trotsky—, nunca hemos prestado atención a la charlatanería de los sacerdotes kantianos o de los cuáqueros vegetarianos sobre "lo sagrado de la persona humana. Para hacer sagrado al individuo tenemos que destruir el orden social que lo crucifica. Y ese problema sólo se resuelve con "hierro y sangre"». Así rugía el sacerdote revolucionario anunciando el advenimiento de una nueva clase y una nueva justicia.

Pero el proletariado revolucionario era también multifacético: lo formaban soldados anónimos que iban a morir bravamente en defensa de la Revolución, y obreros infatigables que trabajan día y noche para reconstruir la patria del Socialismo; turbas que fusilaban sin escrúpulos, y apóstoles implacables como Trotsky, y también tipos sombríos y hábiles como un oscuro proletario de Georgia que había adoptado el nombre de José Stalin y tenía sus propios planes de futuro.

Así, un día, el Profeta Armado se vio acusado de "desviacionista", y expulsado del Partido Proletario, y su nombre se convirtió en sinónimo de lo más deleznable y bajo que tienen los traidores al comunismo. Acosado en su exilio, parpadeando todavía ante los acontecimientos, Trotsky se esforzaba en encontrar una explicación al fenómeno. Naturalmente que Stalin era el gran culpable, pero ¿cómo había logrado culminar su plan despótico?, ¿cómo había podido enturbiar las fuerzas del proletariado? Forjando su libro sobre Stalin, Trotsky creyó haber encontrado la respuesta: "Los tres años de guerra civil dejaron una huella indeleble en el propio gobierno soviético en virtud del hecho de que muchísimos de los administradores, una capa considerable de ellos, se había acostumbrado a mandar y a exigir incondicional sumisión

---

[1] León Trostky, *Terrorism & Communism*, University of Michigan Press, 1961, págs. 59 y 63.

a sus órdenes..."[1]. Así, pues, el fenómeno humano saltaba de nuevo por sobre la ecuación ideológica: muchos de los mismos proletarios que habían sufrido el abuso de la obediencia se habían rápidamente acostumbrado a los abusos del mando. Y sobre ese grupo de mandones, y otros que aspiraban a un puro mejoramiento económico, había erigido Stalin su personal despotismo: "Stalin cabalgaba a la cabeza de *este espontáneo movimiento hacia la comodidad* humana... Así Stalin, el empírico, sin romper formalmente con la tradición revolucionaria, sin repudiar el bolchevismo, ha llegado a ser el más auténtico traidor y destructor de uno y de otro".

La condenación llegaba tarde. Para entonces, Trotsky no era más que un ex-sacerdote inerme y desterrado. En el templo de la revolución había un vocero supremo del proletariado que juzgaba, decidía y condenaba por sí y ante sí. La vieja guardia bolchevique, los camaradas de Lenin y Trotsky, conocieron también los terribles meandros de la nueva justicia proletaria: Zinoviev, Kamenev, Bukharin, Bykov y miles de anónimos camaradas cayeron humillados bajo el peso de las balas y de las más terribles acusaciones. Y mientras en Rusia la "chistka" (limpieza) se abatía sobre todos los sectores del partido proletario, en México, olvidándose de su antiguo desprecio por la charlatanería kantiana, olvidándose de que oficialmente, dialécticamente, Stalin podía darle a él la misma lapidante respuesta que él le había dado a Kautsky, Trotsky escribía artículo tras artículo mostrando lo infame y monstruoso del proceso, hasta que la misma maquinaria que él había ayudado a montar movió sus dedos férreos y le silenció la voz definitivamente.

Pasaron los años. A pesar de muchas pruebas terribles, la patria del Socialismo se transformaba y crecía en poder industrial. Después de la muerte de Stalin, Trotsky recibió alguna póstuma retribución: los restos del dictador fueron arrojados del campo de honores y su sombra fue acusada de múltiples crímenes. Quedaba, sin embargo, el otro punto señalado por Trotsky: "el espontáneo movimiento hacia la comodidad". La patria del proletariado levantaba sus niveles de vida, mientras sus camaradas europeos hablaban más de elecciones que de revolución. En 1956 se dio la buena nueva: en virtud de las condiciones internacionales, era posible un tránsito pacífico hacia el socialismo. El dios proletario, amenazador y rugiente, torcía el gesto en lo que parecía ser una sonrisa.

Pero no todos estaban de acuerdo con el gesto. Voces

---

[1] León Trotsky, *Stalin*, Barcelona, José Janés, 1948, pág. 556.

airadas invocaron de nuevo la violencia y retomaron la aureola flamígera. Y se dio el espectáculo inaudito de que la Roma del comunismo, definidora de la fe y anatematizadora de herejes, se vio a su vez anatematizada por revisionista y hereje: ¡el movimiento hacia la comodidad implica la traición a la revolución...!, ¡la coexistencia pacífica es el disfraz de la conciliación con el enemigo...! En China retumbaron los nuevos truenos ideológicos. Como siempre, la pugna rasgaba aspectos profundos del proceso revolucionario. Bajo los argumentos sobre Marx laten posturas decisivas sobre los verdaderos héroes de la Revolución. Tomando fragmentos roturadores de Marx y Lenin, apoyándose en el ejemplo sentado por las organizaciones iniciales de P'eng Pai (1926), Mao Tse Tung desplegó poco a poco el perfil del nuevo ídolo: el campesinado. Sin abandonar el dogma de la alianza obrero-campesina, Mao invirtió el orden de preeminencia: el proletariado pasaba a un segundo plano. "Para conceder crédito a quien lo merece, si señalamos diez puntos por la realización de la revolución democrática, entonces los resultados de los sectores urbanos merecen tres puntos y los otros siete deben acreditarse a los campesinos"[1].

En un mundo dividido entre naciones industriales y naciones subdesarrolladas, el nuevo héroe encontró escasos pero rugientes apóstoles. En la América Latina, el Ché Guevara declaraba "la posibilidad de triunfo de las masas populares está claramente expresada por el camino de la lucha guerrillera, basada en el ejército campesino..., en la toma de la ciudad desde el campo"[2]. Con acentos más fieros y extremosos, en África, la voz terrible de Frantz Fanon había llevado la bandera hasta los últimos remates. En los pueblos coloniales, la ciudad y todo lo que representa la ciudad es lo enemigo, tanto la burguesía como el proletariado que sólo aspira a aburguesarse. Con un atroz infantilismo, Fanon rechaza todo el contenido de la cultura occidental, reniega de todo lo europeo y llama al último reducto de humanidad incorrupta, al campesinado, para que con violencia rasante y destructora realice su liberación.

¿Y luego, qué?... ¿Qué hacer con las masas campesinas triunfantes? ¿Cómo evitar el impacto corruptor de la victoria? ¿Es acaso preciso volver a la "revolución permanente", a la violencia continua como fórmula salvadora?... Fanon murió sin dar o sin darnos la respuesta. Sin tiempo para ver cómo el África se movía en dirección opuesta a su

---

[1] Mao, «Selected Works» (1947), pág. 215, cit. en Arthur A. Cohen, *The Communism of Mao Tse Tung*, Chicago, University Press, 1966, pág. 48.

[2] *Verde Olivo*, Habana, 9 de abril de 1961, pág. 29.

terrible llamada. Pero, acaso como respuesta tácita, o al menos como sombrío colofón al vuelco histórico que se inició en Francia en 1789, la prensa nos trae una noticia sintomática... En el mes de agosto, 1966, en Peiping, los Guardias Rojos se reunieron para derribar una estatua, símbolo de la opresión reaccionaria. La estatua fue destruida a golpes de martillo, entre los vítores de la multitud y los gritos usuales y rítmicos de "¡Viva la Revolución Cultural!", "¡Viva el camarada Mao!"...

La estatua, según informa la prensa china, era una estatua a la libertad, en cuya base se leían estas falaces palabras: "Libertad, Igualdad, Fraternidad"[1].

"Tercer Mundo", Bogotá, Colombia, enero-marzo de 1967.

---

[1] Publicado en *Ta-Kung Pao*, Peking, 31 de agosto de 1966. Traducido en *Atlas*, New York, vol. 12, núm. 5, noviembre de 1966, pág. 41.

RADIOGRAFÍA DEL EXILIO

I) SOLEDAD Y AUSENCIA DEL EXILIO

En medio de la tolvanera, vocinglería, discusiones y planes del exilio cubano (mezcla de todo, de algunas posturas fecundas y múltiples gestos vacíos), hay un hecho esencial que debería hacer meditar a todo cubano que tenga una gota reflexiva: más de cuatrocientos mil cubanos en el exilio no tienen peso político en los Estados Unidos, ni voces amigas en el continente, ni se cuenta con ellos seriamente para ningún empeño internacional. Somos un exilio masivo sin peso específico alguno. El hecho es de tan feroz y descarnada importancia que valdría la pena el que cada cubano hiciera una pausa y se preguntara por las razones de tan singular y trágico fenómeno.

Pero el exilio no se hace tal pregunta esencial. Y no se la hace por las mismas razones que explican su paralización histórica. Porque el exilio, y sobre todo el exilio miamense, vive tan enclaustrado en sus propios rejuegos, tan ausente del mundo y de la historia, que sólo oye lo que quiere oír, lee lo que le halague su propia conciencia, y resbala sin tocarlo todo lo que no vibre con el "tempo" específico del tímpano del destierro.

Como la doncella legendaria que, aislada en su torre, vivía trenzándose y destrenzándose el cabello, el exilio cubano vive trenzando sus dos o tres temas favoritos: "Fidel es un canalla", "la miseria reina en Cuba", "el régimen se cae pronto", y murmurando airadamente contra todo el que no corparta su parvo tesoro de obvias verdades. Diez años lleva el exilio trenzando idénticos temas, cambiando de gargantas, pero no de gritos, sin haber hecho todavía un planteamiento serio de la cuestión cubana, un esfuerzo cabal por comprender su destino, una reflexión capaz de asentar hechos y desbrozar un mensaje positivo... Y no se crea que esta crítica tiene algo que ver con la tan decantada "unidad" del exilio que tantas lágrimas inútiles ha provocado. No, yo no soy de los que creen (salvando el respeto personal) que el condicionar todo esfuerzo a la unidad es simplemente ignorar lo que es la historia. Todo lo contrario, no sólo creo que luchar por la unidad es luchar por la inefable cuadratura del círculo, sino que estoy convencido que el exilio debe alentar y fomentar la diversidad, la proliferación de grupos, la multiplicación de esfuerzos. Esta idea, en apariencia tan herética, pero sana y positiva, la he de explicar más tarde, si me dan tiempo y espacio.

No, yo hablo de cosas más serias. Hablo de un replanteo de todo nuestro proceso, de un comenzar por preguntarse qué es ser exiliado y qué ha ocurrido para que medio millón de cubanos vivan en una campana neumática, donde sólo ellos se oyen, y ni escuchan ni son escuchados por el mundo circundante.

Sobre tal pregunta básica, llave para explicar muchas posturas y para, quizá, poder mirar mejor al futuro, escribiré algo más en el próximo artículo: *El proceso de autointoxicación: la enajenación del exilio.*

II) EL PROCESO DE ANTOINTOXICACIÓN: LA ENAJENACIÓN DEL EXILIO

Decía en el artículo anterior que iba a meditar un poco sobre la pregunta básica que debe hacerse el exilio: el porqué de este aislamiento colectivo, permanente e infecundo, que se ha creado el cubano desterrado. Tratemos de atisbar el proceso.

Exiliarse es abandonar la patria por razones políticas. Si uno deja el terruño natal en busca de mejoría económica, uno no se exilia, emigra. El emigrado piensa en la patria lejana con añoranza, pero como algo que dejó voluntariamente en apetito de mejores horizontes. Al exiliado esa añoranza se le hace dolor vivísimo porque a él lo arrojaron de la patria, lo obligaron a abandonar un ámbito físico y humano que él sigue amando más que éste a donde ha ido a caer.

En el caso de los cubanos, este dolor se mitiga, pero al propio tiempo se transforma y complica en forma única, por razones peculiares y distintas. Los exiliados políticos han sido, en general, grupos pequeños, desbandados por múltiples países, forzados a adaptarse a un mundo extraño que los aisla y ahoga. Para ellos la supervivencia del valor "patria", parte del atesoramiento individual, se le hace presente una vez a la semana, una vez al mes, cuando se escapan del ambiente cotidiano —como hacen los húngaros en Nueva York— y van a sus restaurantes, con sus amigos, a cantar canciones nacionales o a forjar planes de regreso. El caso cubano es otro. El exilio cubano ha sido tan masivo que, al menos en Miami, ha logrado reconstruir casi la totalidad de la estructura nacional que ha dejado atrás. Para el exiliado en Miami, Cuba no es recuerdo ocasional de fin de semana, sino presencia general y continua. En Miami encuentra familia, amigos, comida, organizaciones y periódicos cubanos. De donde resulta que en Miami el exiliado invierte el proceso normal de otros exilios. En vez de asomarse de vez en cuando al recuerdo de Cuba, el exiliado miamense sólo de vez en cuando saca la cabeza del ambiente cubano para asomarse al mundo norteamericano que lo rodea sin ahogarlo.

Esta placentera supervivencia del ambiente criollo: casa, calle, prensa, idioma, conlleva, sin embargo, un riesgo enorme: implica, para muchos cubanos, un insensible deslizarse por un proceso de alejamiento y enajenación del mundo que está más allá del estrecho círculo de la Cuba artificial que sobrevive en el exilio. Amparado y protegido por la estructura criolla que lo rodea, adivinando fuera de ella fuerzas extrañas que pueden arrebatarle su identidad, el cubano se repliega sobre su propio ambiente y se cierra a toda influencia que pueda arriesgarle la supervivencia criolla que lo tonifica y sostiene. Habla sólo con cubanos, y de la Cuba que fue o de la que será; oye los comentaristas que le repiten y le aseguran lo que quiere y necesita oír: que el régimen de Castro es atroz, que el exilio es la nota más alta del patriotismo y del sacrificio, que pronto se regresa..., etc. etc.

El proceso de cerrazón intelectual, de enajenamiento del mundo (Cuba es el principio y el fin del universo, la medida de todas las cosas) que produce un progresivo no entender los temas que hablan y discuten otras gentes en otros lugares, es de por sí una consecuencia preñada de riesgos del ambiente criollo mantenido en Miami. Desgraciadamente, no es la única. Es sólo el primer paso de todo un proceso que yo llamo de autointoxicación... Porque para mantener la enajenación, para justificar ese criollismo hermético y defensivo, el exiliado se ve forzado a dar otros pasos: el segundo consiste en mistificar el pasado, en idealizar celestialmente la Cuba que fue.

Pero de ese segundo paso, y de los que le siguen, hablaré en otros artículos. El próximo: *III) La mistificación del pasado*.

III) EL PROCESO DE AUTOINTOXICACIÓN: LA MISTIFICACIÓN DEL PASADO

El segundo paso dramático que da el cubano exiliado en su proceso de autointoxicación, dije que era la seráfica idealización de la Cuba que fue. La abstracción de Cuba se convierte en el ingrediente necesario que completa y justifica el cuadro espiritual del exiliado. Por muy bien que se esté aquí (y muchos cubanos están aquí mejor que allá), el exiliado se ve obligado a proclamar su infelicidad por no estar en la patria. La libertad que aquí encuentra, la oportunidad de mejorar económicamente, pudiera hacerlo feliz, pero resulta que tales valores materiales se desvitalizan frente a lo otro, al recuerdo de lo que no se tiene, de lo que se perdió, de algo que, necesariamente, tiene que valer mucho más que todo lo que aquí se logra. De donde resulta que para compensar el peso y el paso de los años, la idea de Cuba se va dorando con un polvo sutil de congoja espiritual. Cuba se convierte así en un Edén tropical, donde no había problemas, donde todos éramos hermanos, y las palmas acariciaban un cielo siempre azul y despejado.

Marchando hacia atrás, como un cangrejo melancólico, desdeñando la realidad histórica que araña y molesta, algunos exiliados reconstruyen —o mejor construyen— una Cuba paradisíaca e irreal. Mientras más lejana la época, más fácil la distorsión espiritual. Para algunos señores del exilio, la buena época no era la de Batista, sino la de Grau. Otros han dicho que el período anterior a la revolución del 33 era el ideal. Hay quien sugiere que con Estrada Palma llegamos al idilio nacional. Y suspiros he oído por la época colonial, en la cual, según datos sesudos y concisos, se vivía mejor que en la república. Lo importante no es discutir la validez o falsedad de tales asertos (y hay algunas fechas de indudabel rotundidez histórica), sino el destacar ese escapismo hacia el pasado, esa fuga hacia épocas y situaciones que más que estudiarse se inventan y recrean.

Ese pasado traído a golpes de añoranza para enfrentarlo al presente, hace que muchos cubanos exiliados se crean conservadores o derechistas simplemente porque prefieren aquello a esto. Lo cual constituye, a mi juicio, una enorme superficialidad. Porque la derecha es una posición respetable y respetada, basada en argumentos válidos y en estructuras ideológicas resistentes a la polémica. Burke, De Maistre, Donoso Cortés, Maurras, y entre nosotros, José I. Rivero, fueron todos formidables antagonistas. Pero ser simplemente tradicionalistas, añorar un pasado irreal solamente porque es pasado, desconfiar de todo lo que se mueve y cambia, por el mero hecho de que se mueve y cambia, eso no es ser derecha, eso es ser, o pretender ser, inmovilidad, es decir, tratar de ser anti-historia. Porque la historia es eso esencialmente: movimiento y cambio. De ahí que ni siquiera una derecha real, activa y enérgica haya logrado constituirse en el exilio. Las inmóviles avestruces pueden ciertamente no ver la realidad, pero no tienen derecho a proclamarse como derecha.

Con todo, este segundo paso de mistificación del pasado para alimentar el presente —paso que corta automáticamente toda posibilidad de un regreso feliz a Cuba, puesto que ninguna Cuba del futuro puede aspirar a parecerse al Edén soñado y perdido— no es el más dañino del proceso de autointoxicación. El más dañino es el siguiente.

Porque esa idealización de la Cuba que fue, que en algunos es noble y limitada añoranza y en otros arma para desprestigiar todo lo presente, provoca inevitablemente esta pavorosa pregunta: ¿y cómo fue que nos pudieron arrojar del paraíso?, ¿cómo fue que triunfó el mal en el mundo inefable de las palmeras felices?... La pregunta es terrible, pero la respuesta que muchos le dan, o la actitud mental que les provoca tal pregunta, es más peligrosa aún que la pregunta. Porque para contestarla y para salvar al mismo tiempo la imagen de la Cuba que fue, muchos exiliados apelan a un silogismo estrangulante que los sitúa automática y necesariamente, frente a casi todo lo que ocurre en el mundo contemporáneo. Lo que yo llamo el silogismo de la conjura, culmina el proceso de autointoxicación y soledad del exilio.

De tal silogismo, y de sus consecuencias, hablaré en el próximo artículo. El siguiente: *IV) El silogismo de la conjura.*

IV) EL SILOGISMO DE LA CONJURA

Quedamos en que para los que exageran la idealización de la Cuba que fue, la pregunta más inevitable y desconcertante es ésta: ¿cómo fue que el mal triunfó en el paraíso?, ¿cómo se adueñó el comunismo de Cuba?

La pregunta es pavorosa y exige respuesta sosegada y compleja. Pero muchos exiliados no tienen sosiego ni quieren analizar complejidades. Lo que quieren son respuestas sencillas y rápidas, fórmulas breves que le eviten penosas andadas. La respuesta más sencilla es ésta: existe una conjura tenebrosa y satánica que ha penetrado en todas partes y llegado a la médula de las instituciones. Esa conjura eligió a Cuba para dar el primer golpe en el Hemisferio Occidental, y la estupidez, la traición, o ambas cosas, de los no comunistas, les permitió llevar adelante sus planes, engañar a millones y "robarse el poder". Fidel Castro se convierte así en una especie de Alí-Babá, y el complicadísimo proceso histórico cubano en un cuento infantil de "malos" y "buenos". (Claro está que, como todo cuento infantil, éste tiene también una apreciable dosis de verdad.) Con todo, la explicación deja fuera vastos sectores incomprensibles. Los hechos del pasado anterior de Cuba, la actitud de muchos gobiernos e instituciones, múltiples fuerzas emergentes del mundo contemporáneo no encajan bien en el silogismo. Algunas dudas necesariamente persisten. Es entonces que, para acallarlas y apuntalar la explicación simplista, algunos exiliados caen en la última construcción del silogismo: *no acabo de comprender cómo el comunismo triunfó en Cuba, luego todo lo que no acabo de comprender puede ser comunismo.* Entonces, sí, el silogismo se dilata para abarcar todos los fenómenos y el mundo empieza a hacerse comprensible. Las minifaldas, los "hippies", las revueltas estudiantiles, la agitación negra, la crisis de la Iglesia Católica, los coroneles revolucionarios del Perú, todo lo que tiene un sesgo confuso o revuelto, todo lo que no se ajusta al cuadro ordenado del exilio, adquiere de inmediato, y por comparación con lo que pasó en Cuba, visos de penetración comunista. Las contradicciones eventuales, como ésa, por ejemplo, de criticar las minifaldas y los peludos como instrumentos de penetración comunista, al mismo tiempo que Moscú y Fidel los acusan de ser instrumentos de la reacción burguesa, no les debilita las convicciones. La explicación tiene que mantenerse integral o no sobrevive.

Empecemos por decir que el silogismo de la conjura, que todo lo explica porque no explica nada, comienza por concederle al enemigo una fuerza casi mitológica e invencible. De creer a algunos voceros del exilio, por ejemplo, bastaría con eliminar a Fidel Castro para que no hubiera guerra en Viet-Nam, se calmaran los negros norteamericanos, Israel y los árabes hicieran la paz, y Latinoamérica en pleno, salvada y feliz, elevaría un himno de paz a la democracia. (Cómo, por ejemplo, la desaparición de Fidel pudiera tornar a Papa Doc en un liberal y a Haití en una democracia, ni se menciona.) Según esos señores, Fidel y el comunismo son la única causa de todas las agitaciones que en el mundo existen. Es decir, que ni el más abyecto panegirista de Fidel Castro, el inefable y ridículo Herbert Matthews, llega a concederle a Fidel Castro la mitad de la fuerza que gratuitamente aquí le conceden muchos antifidelistas.

Peor todavía es que el tal silogismo, aplicado férreamente y a ultranza, no sólo atomiza al exilio, llenándolo de suspicacia hacia muchos de sus propios sectores, sino que lo coloca en actitud antagónica frente a múltiples fuerzas políticas del mundo contemporáneo que no son contrarias al exilio, pero a las cuales el exilio condena como contrarias, porque no se molesta en comprenderlas. De ahí que se haya quedado tan solo, sin voces amigas ni ecos propiciatorios, clamando en un desierto que él mismo crea y expande.

De esa singular postura hablaré en el próximo artículo: V) *El exilio contra sí mismo y contra la historia.*

V) EL EXILIO CONTRA SÍ MISMO Y CONTRA LA HISTORIA

Ya es un tópico común de nuestra época el hablar de la "crisis" contemporánea. Alguien ha escrito que hasta el concepto de "crisis" está en crisis. Y hace ya tres décadas, Mounier decía que en nuestro tiempo el simple hecho de leer el periódico por la mañana se ha convertido en tarea riesgosa y alarmante. Todo lo cual quiere decir que desde hace algún tiempo, probablemente desde 1914, cuando se derrumbó "la belle epoque", la historia ha saltado en tal forma que se ha hecho cambio vertiginoso y desconcertante.

Frente a un mundo que tiembla y se deshace (o se rehace) bajo el impacto de múltiples revoluciones: técnica, social, religiosa, sexual, una gran parte del exilio cubano se coloca en la postura de condenar a ultranza todo cambio, toda crisis, porque en Cuba la crisis y el cambio desembocaron en el triunfo comunista. Nosotros no nos ajustamos al mundo, queremos que todo el mundo se ajuste a nosotros. Pedimos que nos ayuden a liberarnos de la tiranía comunista, pero repudiamos a todo aquél que intenta liberarse de una tiranía no comunista. Decimos que estamos luchando por la libertad y por la democracia en Cuba, pero no reconocemos el derecho de muchos argentinos o brasileros a luchar por la democracia en esos países. Queremos que nos ayuden a cambiar el orden injusto que impera en Cuba, pero les negamos a otros latinoamericanos el derecho a cambiar lo que ellos consideran injusto en sus regímenes. Nos indigna que los hermanos de la América Latina estén ciegos y sordos ante nuestros dolores, y nosotros nos cegamos y nos cerramos a los dolores de nuestros hermanos de la América Latina. No permitimos que nadie opine sobre el problema de Cuba, porque sólo nosotros lo conocemos realmente, pero opinamos sobre todos los problemas de los demás países con más autoridad que los que en ellos viven.

Así nos hemos quedado solos. Y el exilio cubano, que debería ser eco propicio a toda causa justa, humana y democrática, ha adquirido un sordo prestigio de fuerza reaccionaria y negativa, roído interiormente por una sola obsesión: el odio a Fidel Castro y a un comunismo atmosférico y omnipresente. Esa soledad no se la debemos a ninguna conjura comunista; la hemos fraguado y mantenido nosotros mismos.

Nos hemos quedado solos porque nuestro continente, aunque nosotros no queramos aceptarlo, está vibrando con muy diversas fuerzas de cambio: sacerdotes rebeldes, coroneles revolucionarios, burguesías incipientes, nacionalismos radicales, izquierdas delirantes..., y frente a esa caldera en ebullición, ni aun aquéllos que con nosotros simpatizan se atreven a proclamarlo en voz alta. Porque nosotros hemos logrado que el ponerse de nuestro lado signifique el oponerse al cambio, a la historia tremante de nuestros días, a la creciente marea de las transformaciones necesarias. Cada gobernante pulsa el latido de su pueblo (latido que no es básicamente comunista), y tiene que hablar y reaccionar en razón de tales fuerzas, y no de acuerdo con las palabras y posturas que nosotros le demandamos desde el roquedal de nuestro exilio. El que un gobernante latinoamericano, valorando las presiones políticas de su nación, anuncie que no se opondría cerradamente a tratar con Cuba, no quiere decir que esté contra nosotros. Pero nosotros, sin detenernos a estudiar la situación que confronta, sí nos lanzamos contra él. En el acto, nos desgarramos las túnicas y clamamos que lo lapiden por comunista o por tonto inútil.

Contra Fidel Castro se puede luchar de muchas maneras, pero acaso la peor sea el concederle la dirección de todo cambio, y el arrogarnos nosotros el liderazgo del contracambio. Porque ni Fidel representa realmente la única revolución posible, ni nosotros tenemos que ser necesariamente la última fuerza de la contrarrevolución.

Pero no se trata ahora de analizar o discutir temas tan esenciales y complejos como "revolución" y "contrarrevolución" (de la cual decía agudamente De Maistre que él la interpretaba como "una revolución en contra" y no como "todo contra la revolución"), sino de alertarnos al peligro de enjuiciar y clasificar todo evento latinoamericano o terrestre, desde el punto de vista limitado y estricto que el exilio cubano se ha forjado.

Si nosotros nos quitáramos muchas telarañas y aprendiéramos a mirar de veras y sin miedo el cuadro contemporáneo. Si aceptáramos que la complejidad de la hora presente supera infinitamente la bipolaridad comunismo-anticomunismo. Si nos abriéramos a la posibilidad de que el caso cubano fue un caso específico, trágico si se quiere, aleccionador en muchas cosas, pero que los factores cubanos no rigen e imperan en todo el continente, que hay otras fuerzas y otras causas que tienen tanta calidez como las nuestras. Si empezáramos por pedir que nos ayudaran a librarnos de nuestras cadenas, pero apresurándonos a protestar por las cadenas que otros sufren. Si permitiéramos, finalmente, que aun entre nosotros floreciera la diversidad de posturas, y las aplaudiéramos, enseñándole al mundo que frente a Fidel Castro existe una derecha, y un centro, y una izquierda cubana, que no tienen que ernunciar a sus principios para combatir al enemigo común. Entonces veríamos cómo se empezaban a multiplicar nuestros amigos en el continente y cómo, quizá, pudiéramos restablecer un sentido de comprensión y vínculo con las penas y aspiraciones de muchos pueblos hermanos, y también con los anhelos del nuestro, del pueblo cubano. Pueblo que, luego de once años de régimen comunista, no puede aspirar ni soñar con las mismas ideas e ilusiones que nosotros conservamos en el formol del exilio.

Ésa es la idea con la que pienso cerrar esta serie de artículos, este esfuerzo por repensar el proceso del exilio. Frente a la unidad que paraliza, la diversidad fecunda que reanima e impulsa.

El próximo artículo: *VI) El respeto a la diversidad fecunda.*

VI) EL RESPETO A LA DIVERSIDAD FECUNDA

El exilio debería haber comprendido ya que el aferrarse ilimitadamente a la tesis de la conjura siniestra y de la unidad inalcanzable, no sólo nos sitúa, como ya escribí antes, frente al mundo contemporáneo, sino que es también factor importante en nuestra atomización y paralización histórica.

No es puro accidente que de cada diez líneas que se escriben en el exilio, nueve sean para combatir a otros exiliados. No se trata de una mera cuestión de ambiciones personales. Se trata también de que si yo empiezo por creer que el comunismo ha penetrado desde el Papa hasta el Pentágono, termino por sospechar de todo cubano que no piense como yo. Si la conjura es como presente y evidente, me sobresalta el que otros cubanos no la vean tan claro como yo. No me limito a creer que tienen otra opinión, sino que me abro a la sospecha de que el "otro" es un infiltrado. Al mismo tiempo, sin embargo, proclamo y necesito la unidad del exilio... El dilema se resuelve de una sola manera. Si sólo estoy cierto de que yo no soy comunista o infiltrado (o no estoy pagado por el CIA, que es la otra conjura y contra-acusación), la única unidad patriótica y posible tiene que realizarse bajo mi dirección. Así todas las fórmulas fracasan y todos los planes se hacen rígida demanda de subordinación.

En tal sentido, el exilio se asemeja a un desgarrado ejército rodeando a una fuerte ciudad amurallada. El ejército está formado por cientos de grupos diferentes, y cada grupo sospecha que los otros están de acuerdo con el enemigo adentro. Mientras se combaten entre sí, nadie (o casi nadie) ataca la muralla. "¡Unidad primero, y bajo mi mando!", gritan los jefecillos, y proclaman su patriotismo inmarcesible, y se insultan airadamente. Y los años llueven sobre los gritos inútiles y la muralla intocada... Cada vez que alguien presenta un plan, aun antes de que tenga tiempo de ejecutarlo, ya se lo están criticando y deshaciendo. Si a pesar de todo trata de ponerlo en práctica, casi todo el mundo le tira la zancadilla abierta o embozada.

Ya es hora de cambiar esa táctica suicida. Ya es hora de que miremos a la América Latina con ojos abiertos, que sepamos, o tratemos de saber, realmente lo que está pasando en el continente y en Cuba, para poder ubicarnos en forma positiva. Para llegar a ambos con un mensaje de futuro y no de pasado, de comprensión y no de condena, de fe y no de suspicacia... Podíamos tratar de empezar por hacer una tregua entre nosotros mismos. Primero, dejar de repetir las mismas superficialidades que venimos repitiendo hace diez años sobre lo bella y feliz que era Cuba. Segundo, dejar de intoxicarnos con nuestra propia propaganda para mirar a Cuba con ojos analíticos y tratar de entender qué siente y quiere un pueblo cuya población menor de veinticinco años no sabe nada del pasado no comunista; para tratar de ver cómo se puede combatir efectiva e inteligentemente a un enemigo altamente efectivo e inteligente, que ha sido capaz de cubrir con programas positivos y propaganda hábil la "socialización de la miseria" que ha traído sobre Cuba. Tercero, olvidarnos de la anquilosada unidad, y convencernos de que cada cual tiene el deber de luchar contra el enemigo común, pero el inalienable derecho de hacerlo a su manera, libre de toda crítica paralizante, porque es nuestro deber el respetarle su táctica y su idea. Tal vez a mí me parezca que es un error atacar a Cuba con guerrillas, pero es mi último deber de exiliado el no criticar ni debilitar a los compatriotas que están dispuestos a hacerlo. Acaso yo no sea partidario de las elecciones en el exilio, pero ni un murmullo se me ha de escapar contra los cubanos que en tales menesteres andan. Puede ser que no me parezca que la propaganda es la mejor manera de luchar contra Fidel Castro, pero ayudo a los exiliados que están empeñados en la propaganda. Toda acción es fecunda, sólo la crítica perpetua es infecunda. No pertenezco a la derecha, pero si se trata de una derecha que respeta el derecho de los demás a no serlo, con lo menos que puede contar es con mi silencio. Puede ser que la palabra "izquierda" me sobresalte, pero si es una izquierda que está contra Fidel Castro, lo menos que puedo hacer por la causa común es silenciar mi sobresalto.

Tal vez así, haciendo algunos propaganda, formando otros una derecha de veras, encuadrándose aquéllos en programas de izquierda, forjando éstos acciones bélicas, tratando todos de por lo menos no estorbarse mutuamente, convencidos de que más que derecha o izquierda, propagandistas o guerreros, nuestro único denominador común es el ser exiliados por la misma causa; tal vez así, repito, hagamos que el ejército se ponga en movimiento, sin unidades ficticias, en fecundo desorden, cada cual en su grupo y con su grupo, pero sabiendo todos que los disparos van a venir siempre de enfrente y no de los costados o de la retaguardia. Tal vez así logremos que nuestro movimiento nos gane el respeto de muchos, y adquiramos voz en el mundo, y hagamos alguna mella en la muralla.

Tal vez así se pueda. De todas formas, nada tenemos que perder. A no ser que queramos seguir viviendo en la campana neumática, alimentándonos de nuestras propias quejas y rencores, soñando con la Cuba que no fue... mientras el mundo cambia, y pasa por nuestro lado, y nos deja atrás en el desierto.

("Diario Las Américas",
18, 19, 20, 21, 23, 24 de septiembre de 1969)

ÍNDICE

	Página
En torno a la revolución y al proceso cubano ...	7

EL GOBIERNO DE BATISTA (1954-1958)

1954 - La verdadera tragedia	15
Pasado y ambiente en el proceso cubano	22
1958 - Tres generaciones en la crisis cubana ...	83
Sacrificio y deber de una generación	88
El prejuicio racial en Cuba	92

LA REVOLUCIÓN (1959-1960)

Saludo a Santiago de Cuba	99
Riesgos y deberes de la revolución	102
La fe en Cuba y la interpretación positiva de su historia	104
La revolución, la economía y la contrarrevolución	109
Proa a la tormenta	112
El dilema	116
El comunismo y la revolución cubana	119
¡Paredón, paredón!	122
Los que construyen y los que destruyen	124
La hora de la unanimidad	127

ÍNDICE

Página

EN EL EXILIO (1961)

"No han olvidado nada... no han aprendido nada" 133
La política y las balas 136
Los mejores (carta abierta a José I. Rivero) 139
La conspiración de la mentira 142
Fidel entró por la posta 4 (en torno a un aniversario del 10 de marzo) 145
El suicidio de la derecha en la América Latina 148
El proceso de las ideas en Cuba 153
El "ananke" de las revoluciones 168
Radiografía del exilio 176

www.ingramcontent.com/pod-product-compliance
Lightning Source LLC
Chambersburg PA
CBHW031418290426
44110CB00011B/430